Jacques de Larosière

Les 10 préjugés qui nous mènent au désastre économique et financier

Odile Jacob

15, rue Soufflot, 75005 Paris

www.odilejacob.fr

ISBN : 978-2-7381-4551-2

« Lorsque l'organisation des marchés financiers se développe, l'activité de spéculer l'emporte sur l'activité d'entreprendre. »

John Maynard KEYNES

Introduction

Pourquoi cet essai ?

Parce qu'une contradiction me frappe depuis longtemps.

D'un côté, le monde actuel, celui de la communication et de l'internet, nous inonde d'informations, alors que, de l'autre, nous avons souvent du mal à penser, à réfléchir et à « dire le vrai ».

Nous croyons être en mesure de toujours mieux accéder aux faits et aux savoirs, mais nous renâclons parfois à « mettre debout » nos raisonnements à partir des informations ou des observations de base.

C'est peut-être là un des paradoxes les plus étranges de notre temps : abondance de savoirs et pauvreté du savoir.

J'ai pensé utile d'appliquer cette grille d'observation à quelques sujets auxquels j'ai consacré depuis longtemps analyses et réflexions.

Ce n'est pas que la matière ou les faits se dérobent : ils sont là, amplement disponibles. C'est ce qu'on en tire qui est souvent irraisonné et surprenant.

Je vais donc tenter, sur une dizaine de sujets choisis dans le domaine économique et financier, simples ou complexes, mais qui tous intéressent nos sociétés, de donner une idée de l'écart qui sépare les conceptions qu'on se fait souvent des choses, de leur réalité sous-jacente.

C'est, bien sûr, un exercice qui comporte une part de subjectivité, et je ne prétends pas avoir raison sur tous les sujets. Mais ce qui me paraît intéressant, c'est de tester les paradigmes, les préjugés, les consensus ou les apparentes évidences en faisant appel à des raisonnements logiques sans tomber ni dans le simplisme ni dans la révérence à l'égard de « l'intellectuellement correct ».

La situation est paradoxale.

Nombreuses sont les théories, les approches sophistiquées par modèles mathématiques, impressionnants sont les données et les savoirs, de plus en plus abondants et spécialisés. Mais quand est survenue la crise financière la plus grave et la plus dévastatrice en 2007-2008 avec son cortège de récessions et de chômage, on s'est aperçu que les « préjugés » sur lesquels on vivait confortablement n'avaient guère permis de déceler les enchaînements – souvent très simples – qui expliquent les fractures et bouleversements ultérieurs.

Rappelons-nous l'interrogation de la reine d'Angleterre après la crise devant un groupe d'économistes :

« Pourquoi tout cela ? Comment a-t-on pu laisser faire ? » La question était simple, mais elle n'a toujours pas trouvé de réponses satisfaisantes.

Ce petit livre tente – à travers quelques sujets qui intéressent tout un chacun – de répondre à cette question, en reprenant les choses « par le bon bout » et en revisitant certaines idées reçues trop hâtivement considérées comme des vérités.

*

Je tiens à remercier madame Odile Jacob pour le temps, l'intérêt et l'attention qu'elle a consacré à ce livre. Ses suggestions m'ont été précieuses. Je remercie également mon ami Didier Cahen pour ses conseils avisés.

Préjugé 1
« Plus on émet de la monnaie,
plus cela favorise la croissance »

CHAPITRE I

Est-il vrai que la politique monétaire n'a joué qu'un rôle négligeable dans la genèse de la crise de 2007-2008 ?

La crise financière est née de la surabondance du crédit

On disait au moment où la crise a éclaté que la politique monétaire n'était guère responsable. Et on continue parfois à le dire. L'explication de la crise était, en gros, la suivante :

« Les banques se sont engagées dans des opérations trop risquées. Elles étaient, sans doute, insuffisamment capitalisées, régulées et surveillées. Mais la politique monétaire, quant à elle, a rempli sa mission : contenir l'inflation à son niveau d'objectif[1]. »

1. C'est-à-dire légèrement au-dessous de 2 % en termes d'indice des prix à la consommation.

Telle était la doxa.

Mais force est de reconnaître que la réalité était autre.

La politique monétaire – très accommodante – avait permis aux agents économiques de s'endetter au-delà du raisonnable. En effet, plus les banques centrales mettent des moyens financiers peu coûteux à la disposition des banques, plus celles-ci sont en mesure de prêter. On conçoit que si les taux d'intérêt – tels que fixés par les banques centrales – avoisinent ou même descendent en dessous de zéro, la tentation est forte de s'endetter outre mesure.

Et, sans surprise, c'est ce qui s'est produit.

Quelques chiffres sont, à cet égard, éloquents :

• La dette privée américaine est passée de 100 % du PIB en 1960 à 300 % en 2007 – triplant ainsi en valeur réelle en près de cinquante ans.

• La dette globale des pays avancés (excluant celle des institutions financières) est passée de près de 200 % du PIB en 2000 à 250 % en 2007 (25 % d'augmentation réelle en sept ans).

• La dette publique des pays avancés est passée de 20 % du PIB à la fin des années 1970 à plus de 80 % (soit un quadruplement en termes réels).

• Quant à la dette privée de ces mêmes pays, elle s'est enflée à l'unisson, passant de :

– 60 % du PIB en 1970 ;

– à 165 % du PIB en 2007[2].

2. La progression de l'endettement des pays avancés ne peut s'expliquer par la croissance des populations en cause. De 1960 à 2007, la population des pays

Or cette explosion de l'endettement est en grande partie le résultat de politiques monétaires accommodantes. N'oublions pas que par le biais de la Fed – qui a imprimé sa marque sur le monde entier – la politique monétaire a été systématiquement expansionniste pendant les trente dernières années. Les taux d'intérêt ont été historiquement bas (et même négatifs en termes réels au début des années 2000).

Or l'expérience, comme le sens commun, montre que la création de liquidités à bas taux encourage l'endettement.

Elle favorise aussi la formation de bulles d'actifs (plus on s'endette, plus on achète de titres ou de maisons et plus leurs prix montent...).

Ces « bulles » d'actifs sont dangereuses car elles finissent par éclater lorsque le marché réalise que les prix sont allés trop loin. Le problème, pour les autorités, est alors de freiner la baisse des actifs qui, si elle n'est pas maîtrisée, risque d'emporter tout le système financier comme on l'a vu en 2007-2008.

On peut ajouter que si l'abus de crédit, dans la phase d'« exubérance », entraîne sans doute à court terme un effet de stimulation de l'économie, très vite les phénomènes de surendettement apparaissent et contribuent au renversement du cycle financier (les emprunteurs peinent à honorer leurs échéances et les garanties commencent à être appelées).

avancés a augmenté de 10 % environ alors que la progression de leur dette atteignait 300 %.

La gravité de ces phénomènes ne saurait être surestimée :
- plus les banques peuvent prêter facilement et à bas taux, plus on emprunte ;
- plus on emprunte, plus le risque couru par le prêteur s'accroît ;
- plus bas sont les taux d'intérêt plus il est difficile de faire payer à l'emprunteur à son juste prix le risque de défaut ;
- plus on emprunte, plus on achète, et plus le prix des actifs augmente, ce qui entraîne à son tour l'accroissement du crédit (« si je suis plus riche, je peux emprunter davantage »).

Il en résulte que le système financier, en s'enflant démesurément, s'affaiblit de toutes parts : les prêteurs comme les emprunteurs se chargeant en risques déraisonnables.

*

On me dira que ces affirmations sont si évidentes qu'elles ne valent pas la peine d'être rapportées.

Malheureusement il n'en est rien : l'« évidence » n'a pas été reconnue.

Il faut bien se résoudre à cette constatation : c'est le laxisme des politiques monétaires qui a permis l'emballement du cycle financier dont les autorités ont inexplicablement sous-estimé les effets délétères sur l'économie et la société.

On pourrait presque dire – et c'est là où le « consensus » des années 1990 et du début des années 2000 est en cause – que tout s'est passé comme si la politique avait été *programmée* pour entraîner le désastre :

- elle maintenait les taux bas, en haut de cycle ;
- elle était systématiquement asymétrique : peu et tardivement durcie en cas de surchauffe, mais aussitôt fortement relâchée en cas de soupçon de ralentissement économique ;
- elle ne visait pas à contenir la hausse démesurée du crédit ;
- les superviseurs ne faisaient rien pour limiter le levier d'endettement des banques[3] ;
- quant à la « surveillance macroéconomique », elle était pratiquement inexistante.

Il est inexplicable que les autorités monétaires n'aient pas tenu compte de l'emballement du crédit

Alors, peut-on dire que « l'on ne savait pas » ? Impossible.

Tous les chiffres cités ci-dessus étaient publics. Ce n'était pas la connaissance des faits mais le raisonnement qui était en cause.

Plus grave encore : l'expérience ancienne et statistiquement établie montre que la hausse de l'endettement

3. Voir Mian A. R., Sufi A., Verner E., *Household Debt and Business Cycles Worldwide*, National Bureau of Economic Research (NBER), Working Paper n° 21581, décembre 2015.

des ménages a toujours été une indication très sûre de la survenance de crises et de récessions.

Une étude récente[4] montre que les poussées de crédits aux ménages sont toujours suivies (pendant une période de trois à quatre ans après le boom) par l'apparition de récessions. Celles-ci sont d'autant plus graves et longues que l'expansion du crédit a été forte.

La crise a commencé aux États-Unis avec l'éclatement de la bulle des *subprimes*. C'étaient des crédits immobiliers accordés à des emprunteurs fragiles et dont les capacités de remboursement étaient douteuses. Pourquoi leur a-t-on prêté, alors que le rôle des banques doit être de vérifier, avec la prudence requise, la solidité des emprunteurs ? Pour plusieurs raisons qui sont liées au « consensus ».

• Le Congrès des États-Unis souhaitait étendre aux classes impécunieuses l'accès à la propriété. Comme l'attribution d'aides budgétaires au logement n'était pas politiquement possible (alors que c'était la seule formule raisonnable), on a poussé les banques à prêter.

• Les banques ont alors cru trouver la recette miracle : la « titrisation[5] ». Afin de ne pas conserver trop de mau-

4. Voir Mian A. R., Sufi A., *House of Debt : How They (and You) Caused the Great Recession, and How We Can Prevent It*, The University of Chicago Press, 2014.

5. La titrisation consiste, pour une banque, à transférer à des investisseurs des actifs financiers (comme des prêts consentis à des emprunteurs). Ces créances sont transformées – par le passage à travers une société *ad hoc* – en titres négociables émis sur les marchés de capitaux.

vais crédits *subprimes* à leurs bilans, les banques s'étaient empressées de transformer ces crédits en « titres » financiers qu'elles vendaient sur le marché d'autant plus facilement que des notes « triple A » – obtenues d'agences de notation incompétentes – alléchaient les investisseurs.

• Mais cette pratique a très vite infecté l'ensemble des marchés financiers, qui n'ont pas mis longtemps à déprécier ces actifs dits « toxiques » quand le marché immobilier américain s'est retourné.

• D'un épisode bancaire américain, les événements ont donc basculé sur une crise financière d'ampleur mondiale. L'intégration des marchés financiers, considérée par le « consensus » comme un signe de progrès, s'est révélée un facteur de contagion et de vulnérabilité. Désormais, la crise ne peut être contenue dans l'État où le feu a démarré. Elle se propage aussitôt à travers le monde.

*

Essayons d'aller au fond des choses.

La situation était simple :

1. Le marché immobilier était en surchauffe.

2. On savait d'expérience que la correction allait venir et, avec elle, la récession.

Dans un tel environnement il était clair qu'une politique monétaire de grande aisance n'était pas indiquée. Et pourtant, c'est celle-là qui a prévalu.

En termes réels, les prix immobiliers américains ont augmenté de plus de 70 % de 1996 à 2006. Cette montée ne pouvait échapper aux autorités monétaires.

Tout le monde pouvait constater à ce moment-là que ces hausses de prix n'avaient rien à voir avec les données fondamentales du marché : ni la croissance de la population, ni la hausse des revenus ne pouvaient expliquer ce « boom ». Quant au marché de la location – stable – il ne signalait aucune pénurie de logements disponibles. De son côté, l'activité de construction, florissante, était en phase avec la poussée de la demande.

Tous les signes d'une bulle financière étaient donc réunis :

- ni la demande ni l'offre sous-jacentes ne pouvaient expliquer l'explosion des prix ;
- c'était la facilité du financement – donc l'aisance de la politique monétaire – qui était seule en cause et permettait d'expliquer ce « boom » spéculatif.

Tous les signaux étaient au rouge. La seule politique raisonnable aurait été d'avertir le marché dès le début des années 2000 de la formation d'une bulle et de prendre les mesures pour limiter la croissance du crédit (en relevant les taux et/ou en exigeant des candidats emprunteurs des acomptes plus élevés).

On aurait, ainsi, limité la bulle et les effets de son éclatement.

Mais ce qui est incroyable, c'est qu'à ce moment-là, rares ont été les voix qui se sont exprimées en ce sens. Le « consensus » était : « Tout va bien. Tout est parfait. »

Et pourtant, la formation d'une bulle immobilière de 8 trillions de dollars n'aurait pas dû rester inaperçue de la Fed dont l'appareil statistique est un des meilleurs du monde.

Alors, pour reprendre l'interrogation de la reine d'Angleterre : « Comment expliquer cet enchaînement ? »

Je vois deux réponses :

- l'épaisseur du « consensus », jointe à son caractère politiquement correct – vaguement keynésien – selon lequel il fallait, à tout prix, maximiser les occasions de croissance et ne jamais brider l'octroi du crédit tant que l'inflation était maîtrisée[6] et qu'il restait un iota de capacité inemployée ;
- mais cette croyance était fallacieuse. On sait depuis longtemps, avec les travaux de Minsky en particulier, que les excès d'endettement finissent toujours par des crises accompagnées de chômage et de baisse des revenus.

Que l'enchaînement – fatal – décrit dans ce chapitre n'ait pas été l'objet d'analyses et de mises en garde reste, néanmoins, difficile à comprendre et à admettre.

Plus profondément, derrière cet aveuglement collectif, demeurait une croyance non formulée mais vivace selon laquelle l'État et les banques centrales finissent toujours par renflouer les financiers imprudents en cas de catastrophe.

C'est le « hasard moral » qui s'est insinué, au fil des années de laxisme, dans les mentalités collectives.

*

6. Mais, si l'inflation restait faible, c'était moins en raison du bien-fondé de la politique monétaire que de facteurs structurels (vieillissement des populations, ouverture du commerce aux importations à bas coûts salariaux...).

Ceux qui souhaiteraient lire une synthèse plus « académique » de ce sujet peuvent consulter le discours que j'ai prononcé le 1er décembre 2010 à la Columbia University sous le titre « Monetary policy has played a major role in the run up to the financial crisis ».

J'eus, à l'époque, beaucoup de difficultés à trouver une institution américaine disposée à entendre les idées contenues dans ce chapitre, idées maintenant largement admises.

Je remercie Columbia pour son ouverture d'esprit.

Préjugé 2
« L'abondance de la liquidité internationale est une bonne chose »

CHAPITRE II

L'abondance de la liquidité internationale est-elle toujours une bonne chose ?

Le chapitre précédent a montré qu'une politique monétaire très accommodante pendant trop longtemps avait fini par provoquer, à travers l'endettement qui en est résulté, les conditions propices à la naissance de la grande crise de 2007-2008.

Mais on peut se poser aussi cette question sous un autre angle :

L'abondance des liquidités constatée depuis plus de trente ans a-t-elle au moins favorisé sur la longue période la croissance économique ?

C'est un sujet complexe et controversé.

La ligne de pensée dominante figure dans ce que l'on appelle souvent le « consensus de Washington ». Ce « consensus », qui a prévalu depuis les années 1980, est fondé sur deux présupposés dogmatiques :
- la libéralisation des marchés financiers, leur développement et leur intégration sont favorables à la croissance économique ;
- les marchés sont rationnels et s'autocorrigent assez vite en cas de déviations par rapport aux fondamentaux.

Le consensus conclut logiquement qu'il est impératif de conduire les pays émergents à la libéralisation totale de leurs marchés financiers.

Or ces deux axiomes se sont avérés discutables ou dangereux. Les études empiriques sur la relation entre l'ouverture des marchés financiers et le développement économique sont, en effet, peu concluantes. Quant à la rationalité des marchés, et à leur caractère autostabilisateur, la crise de 2007-2008 a montré l'inanité de cette croyance.

Essayons donc, à la lumière des faits, de démêler le vrai du faux et de répondre objectivement et simplement à la question posée.

Les faits sont spectaculaires et convergent : les différentes formes de la liquidité internationale ont explosé.

• Réserves officielles des banques centrales : elles ont quintuplé en termes réels depuis l'effondrement du système de Bretton Woods en 1971-1973 (graphiques II.1 et II.2).

• Quant à la « liquidité privée », elle a explosé : 40 % d'augmentation de 2000 à 2007 (graphique II.3).

Graphique II.1. Les réserves officielles mondiales ont explosé depuis 1970 (en termes nominaux, en trillions de dollars)

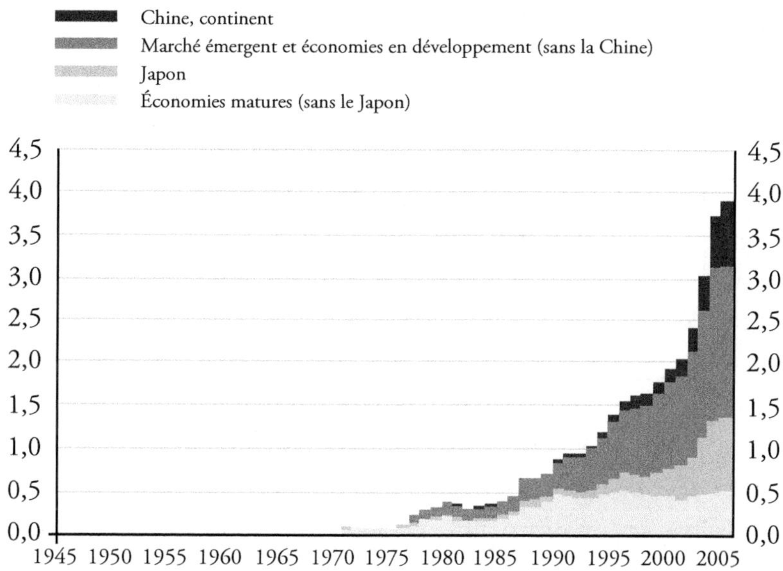

1) Les réserves officielles ont décuplé depuis 1980 en termes nominaux.
2) La part de la Chine, des pays émergents et du Japon explique, à elle seule, l'évolution constatée.

Graphiquc II.2. La part des réserves officielles dans le PIB mondial a quintuplé en trente-cinq ans (en %)

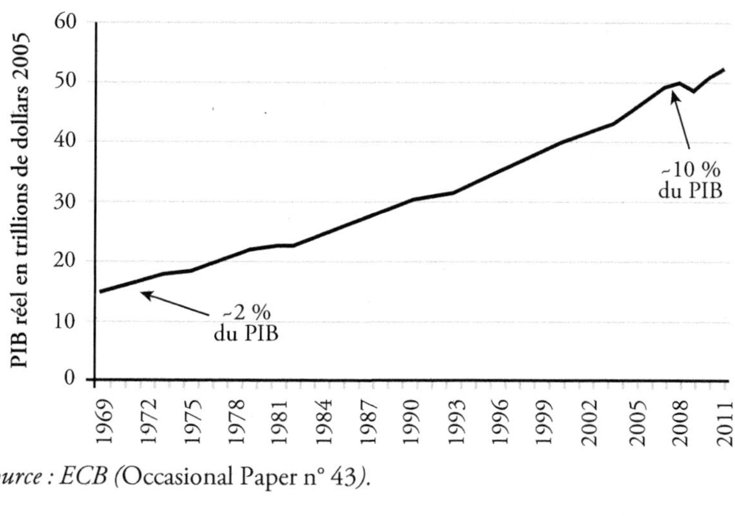

*Source : ECB (*Occasional Paper n° 43*).*

Graphique II.3. La très forte croissance du crédit privé global (en trillions de dollars)

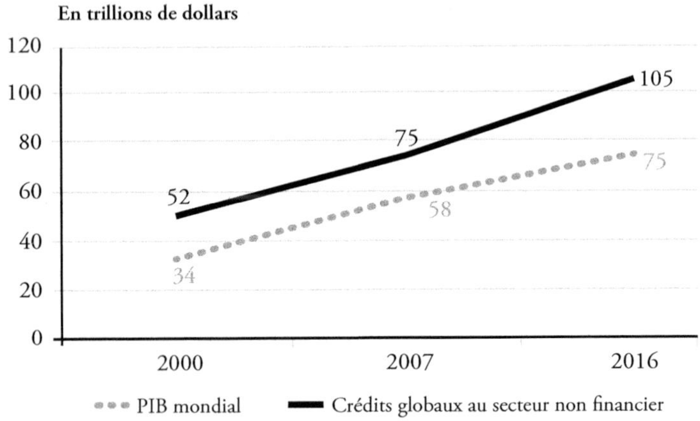

Source : IMF Statistics, BIS Quarterly Review, *juin 2017.*

Les crédits globaux ont doublé en valeur de 2000 à 2016.
Par rapport aux réserves officielles, le crédit privé est entre 10-15 fois plus élevé.
Les encours de crédit sont devenus considérablement supérieurs au PIB mondial.
La croissance des crédits en termes réels a augmenté depuis 2007 de 10 % (40 % en termes nominaux).

La croissance du crédit privé global a aussi très fortement augmenté depuis quinze ans.

Pour fixer les idées, il faut noter que le taux de croissance du crédit (5 % par an entre 2000 et 2007) a été à peu près deux fois supérieur au taux de croissance de l'économie réelle.

C'est la manifestation de la « financiarisation » croissante de l'économie internationale. De fait, le monde des trente années d'après-guerre, caractérisé par la libéralisation des transactions courantes, a basculé, à partir des années 1980, vers la suprématie des mouvements de capitaux « financiers » et une économie d'endettement.

Interrogeons-nous sur les avantages qu'a pu entraîner ce phénomène.

Les « avantages » de cette création de liquidités

Il est difficile d'exposer ces « avantages » de manière univoque.

De fait, je n'ai pu découvrir dans la littérature économique aucune étude ayant établi de façon convaincante les effets bénéfiques sur l'économie mondiale de l'expansion de la liquidité globale et du crédit telle que je viens de l'évoquer.

On est, pourtant, instinctivement tenté de penser que davantage de crédit est susceptible de favoriser l'investissement et donc la croissance économique.

Et, à maints égards, cela se vérifie empiriquement. Dans une phase de ralentissement de la conjoncture, le fait d'injecter de la liquidité, de mettre des moyens financiers supplémentaires et assortis de taux d'intérêt bas à la disposition des agents économiques – qu'ils soient consommateurs ou entrepreneurs – ne peut que favoriser la relance de la demande.

On retrouve là, du reste, un des apports fondamentaux de Keynes à la pensée économique moderne.

La politique monétaire traditionnelle – axée sur le contrôle de la masse monétaire –, telle qu'elle avait été appliquée au moment de la Grande Dépression de 1929, avait échoué ; elle avait même, dans une large mesure, provoqué et aggravé la crise. En revanche, la nouvelle politique monétaire et budgétaire des années 1930, axée sur la demande et initiée par Roosevelt sous l'influence de Keynes, a indiscutablement contribué à la reprise économique et à l'emploi.

De ce point de vue, on pourrait être tenté de penser, par extrapolation, que l'extraordinaire croissance économique observée chez les pays avancés depuis la fin de la guerre jusqu'aux années 2000 s'explique – ou, au moins, a été fortement soutenue – par l'augmentation du crédit ainsi que par la liberté et l'ampleur des flux de capitaux internationaux.

Nombreux sont ceux qui franchissent ce pas et soutiennent encore aujourd'hui que c'est la relance de la demande – par le déficit budgétaire et la création monétaire – qui peut seule faire redémarrer une croissance économique qui s'essouffle depuis dix ans.

L'emblématique « courbe de Phillips[1] », formulée en 1958 par un économiste néo-zélandais, a longtemps servi d'illustration à cette thèse. L'axiome peut se résumer de

1. Cette courbe montre que quand l'inflation (en ordonnée) augmente, le chômage (abscisse) diminue. Les monétaristes (Friedman, Lucas...) ont critiqué cette thèse en arguant que, sur le long terme, la courbe est verticale et le chômage devient égal à son « taux naturel » (chômage né d'inadaptations et chômage frictionnel).

la façon suivante : « Un peu plus d'inflation (entraînée par une augmentation du crédit et par la hausse des salaires) favorise l'emploi. »

De fait, cet arbitrage entre inflation et plein-emploi a longtemps constitué le soubassement de la politique économique des pays avancés. Il permettait aussi aux gouvernements de faire croire qu'ils « réagissaient » utilement à la pression populaire en laissant filer l'inflation en cas de poussée du chômage.

Mais ce dogme, qui reposait sur la permanence de l'illusion monétaire (car l'inflation se traduit toujours en fin de compte par un appauvrissement en termes réels), a fini par s'écorner lorsque l'on s'est aperçu, à partir de la moitié des années 1970, que le monde était entré dans une phase de « stagflation » où pouvaient coexister, contrairement à la théorie, à la fois inflation et chômage.

C'est alors que la pensée économique dominante s'est engagée, depuis le début des années 1980, dans une politique de lutte contre l'inflation au moyen, notamment, d'un renforcement de l'indépendance des banques centrales. Ce sont les années dites de la « Grande Modération » où l'inflation chronique – et croissante – des années 1960 et 1970 a fini par être jugulée (pour des raisons, du reste, en partie étrangères à la politique monétaire).

Mais qu'en est-il des « avantages » de cette liquidité mondiale qui ne cessait de croître ?

Il est impossible de donner une réponse simple et uniforme à la question du bilan des « avantages et des

---

Les individus finissent en effet par se rendre compte qu'ils sont victimes de l'illusion nominale et que les salaires, apparemment plus élevés, sont plus faibles en termes réels.

inconvénients » de la création monétaire, pour la bonne raison que cet équilibre change avec le temps et se dégrade au fur et à mesure que l'endettement s'accroît. On comprend qu'un pays très faiblement endetté ait « de la marge » pour faire appel à des capitaux extérieurs et se développer, alors que tel autre ayant dépassé la limite tolérable d'endettement ne peut plus sans danger recourir à de nouveaux prêts.

C'est pourquoi il faut intégrer le facteur temps dans l'analyse en distinguant les *différentes phases* du processus d'endettement mondial.

• Tout d'abord, *dans la première période d'après-guerre, celle des Trente Glorieuses (1945-1974)*, pendant laquelle les pays avancés ont connu la plus forte croissance de l'histoire contemporaine – et peut-être de toute l'histoire – (environ 5 % de croissance réelle par an en moyenne, ce qui est sans précédent sur une durée aussi longue), on observe que *les flux de capitaux internationaux et la croissance du crédit global ont été modérés*.

Plusieurs raisons expliquent cette modération.

– d'une part, la fixité des changes du système de Bretton Woods prévalait encore avec la discipline macroéconomique qu'elle impliquait ;
– d'autre part, la plupart des États cherchaient à se protéger des inconvénients des mouvements de capitaux erratiques par des contrôles des changes rigoureux.

Il est de fait que l'extraordinaire croissance des Trente Glorieuses ne peut être expliquée par la création monétaire internationale.

• Puis s'ouvre *une deuxième période, celle qui va de 1975 à la fin des années 1990.* Elle est marquée notamment par les suites de l'effondrement du système de Bretton Woods en 1971-1973, les deux chocs pétroliers de 1973 et 1979 et la montée de l'inflation. On sait ce qui s'est ensuivi : abandon de la discipline collective en matière de changes et de budgets, facilités accrues pour l'endettement extérieur[2], recyclage des « pétrodollars » par le système bancaire international, crises d'endettement extérieur, politiques monétaires axées sur la maîtrise de l'inflation des prix à la consommation mais non sur le freinage de la croissance excessive du crédit et de la hausse du prix des actifs.

C'est la période de la grande « dérégulation financière » qui a vu disparaître les contrôles des changes et qui a facilité l'expansion des liquidités internationales et, en particulier, celle du marché de l'euro-dollar[3] et des capitaux spéculatifs à très court terme. En bref, le système

2. C'est à partir des années 1980 que la part des flux de capitaux dans le total des transactions internationales a explosé (passant de 4 % du PIB en 1975 à environ 200 % en 1993 pour les grands pays).

3. Le marché de l'euro-dollar, c'est-à-dire celui des dollars traités par les banques non américaines, a pris un essor considérable depuis le début des années 1970 et a contribué à l'augmentation de la liquidité globale. La réglementation américaine datant des années 1930, dite « réglementation Q », fixait, en effet, des plafonds aux taux de rémunération des dépôts bancaires. Elle était destinée à contenir l'accès des banques américaines à la collecte des dépôts. Mais cette réglementation fut tournée ou exploitée : les banques américaines ont pu, désormais, s'alimenter en dépôts en dollars auprès des banques étrangères qui travaillaient sans limites sur l'euro-dollar. Un développement considérable de ces opérations *off-shore* s'est ensuivi au cours des années 1970 et 1980. Les banques commerciales internationales ont massivement prêté en dollars, provoquant ainsi l'expansion du marché des euros-crédits et de la liquidité mondiale. C'est ainsi que les dépôts en dollars placés auprès des Eurobanques ont décuplé de 1970 à 1979. En 1991, les engagements en euros-dollars des banques s'élevaient à 7 300 milliards de dollars, soit près de dix fois le montant des réserves officielles (800 milliards de dollars).

mondial coopératif créé en 1944 était ébranlé dans ses fondements mêmes.

L'endettement indéfini – tant des États que du secteur privé – était apparu à beaucoup comme la solution à tous les problèmes. Cette abondance de liquidités a, certes, favorisé l'expansion du commerce mondial et accompagné les pays avancés dans une croissance acceptable bien que plus modeste (2,5 % l'an en moyenne pendant cette période, soit la moitié de la croissance des Trente Glorieuses), *mais au prix de dégâts dont la troisième période a hérité.*

• *Cette troisième période est celle du désordre que nous avons vécu dans les années 2000 et qui explique la crise financière de 2007-2008.* L'explosion du crédit qui caractérise cette phase et la grande aisance monétaire qui l'a permise se sont traduites par la formation de considérables bulles d'actifs dans un environnement de taux d'intérêt proches de zéro et d'une appréciation défaillante des risques. Les marchés ont été emportés en 2007 par la crise des *subprimes*[4]. La confiance a disparu d'un coup, la liquidité s'est dérobée et il a fallu, pour sauver le système financier, que les banques centrales se portent massivement acheteuses de titres souvent considérés comme « toxiques » et qui ne trouvaient plus preneurs. Les Instituts d'émission sont donc devenus les prêteurs en dernier ressort du système, multipliant la taille de leurs bilans jusqu'à cinq fois[5]. Le paradoxe

4. Crédits *subprimes* : crédits immobiliers accordés à des emprunteurs fragiles et dont la capacité à rembourser était incertaine.

5. Dix trillions de dollars ont été ajoutés à leur bilan par les principales banques centrales : un record absolu !

était que la crise provenait d'un excès d'endettement mais que le remède à la crise a été : « Encore plus d'endettement ! »

En ce qui concerne les pays émergents, on peut avancer que les entrées de capitaux internationaux dont ils ont bénéficié au cours des années 1980-1990 ont contribué, avec, évidemment, l'ouverture du commerce mondial, à leur prodigieux essor économique. Il convient, cependant, de nuancer cette assertion. En fait, c'est l'épargne *intérieure* de ces pays qui a été le facteur déterminant de leur croissance.

Mais si la montée vertigineuse du crédit a pu favoriser la croissance avant l'apparition des phénomènes de surendettement, le bilan de cette politique de facilité s'est révélé très lourd.

En quoi l'expansion de la liquidité globale a-t-elle fragilisé le système financier ?

L'ensemble des pays du G20 a accumulé aujourd'hui une dette totale de plus de 150 000 milliards, soit un niveau record de 230 % du PIB (un quasi-doublement au cours des quinze dernières années).

Contrairement à ce qu'enseignait le « consensus », l'observation « post-crise » montre que ce sont les pays les plus endettés qui ont connu la plus faible croissance (c'est particulièrement net pour les pays de la zone euro).

Cette montée en puissance du crédit a eu plusieurs conséquences sur la stabilité du système (comme je l'ai déjà évoqué dans le premier chapitre) :

1. La facilité avec laquelle on pouvait s'endetter a favorisé la prise de risques de plus en plus élevés, ce qui a entraîné la détérioration de la qualité des bilans des institutions financières.
2. La facturation du coût des risques par les banques à leurs clients, dans un environnement de taux bas, était devenue notoirement insuffisante, ce qui incitait les emprunteurs à s'endetter toujours davantage.
3. Le système financier était donc fragilisé et nombre d'emprunteurs, trop exposés, ne pouvaient plus faire face à leurs échéances que si la croissance économique et le prix des actifs continuaient à progresser.
4. Cette progression du crédit explique la taille et la volatilité croissantes des mouvements de capitaux ainsi que les crises d'endettement qui ont émaillé notre histoire financière : crise d'Amérique latine en 1982, crise mexicaine de 1995, crise asiatique de 1997, crise russe de 1998, crise mondiale de 2007-2008...
5. Enfin, les taux d'intérêt proches de zéro, voire négatifs, que nous connaissons depuis plusieurs années affectent gravement l'équilibre des fonds de pension et des organismes d'assurance-retraite. Ces institutions voient baisser le rendement de leurs actifs alors que leurs engagements à long terme vis-à-vis des retraités demeurent à leurs niveaux contractuels[6].

6. On a calculé que le déficit des seuls fonds de pension des États-Unis, de la Grande-Bretagne, du Canada, de l'Australie, des Pays-Bas et du Japon s'établit aujourd'hui à 22 trillions de dollars.

Il est donc impossible de soutenir que la création massive de liquidités internationales à bas taux d'intérêt n'ait pas eu des effets négatifs sur la stabilité du système financier mondial.

Le présupposé à la base de la politique monétaire qui nous a menés là où nous sommes aujourd'hui est que l'inflation des prix à la consommation finit toujours par être porteuse – ou signe – d'activité économique. Promouvoir un minimum d'inflation grâce à une politique monétaire accommodante serait donc, en définitive, le moyen d'assurer la croissance et le plein-emploi.

Mais avec les changements structurels à l'œuvre, et, en particulier, avec les effets du vieillissement et de la mondialisation, le lien entre inflation et activité économique s'est distendu.

En conséquence, le fait de chercher, à tout prix, à faire remonter l'inflation à ses niveaux traditionnels, apparaît en partie illusoire et n'est plus aujourd'hui une garantie de croissance.

De fait, les banques centrales semblent bien avoir perdu de leur pouvoir d'influencer l'inflation. Mais qu'elles s'obstinent, malgré cela – ou à cause de cela – à créer massivement de la monnaie, c'est, à coup sûr, le meilleur moyen de porter atteinte à la stabilité du système financier et, par là même, de mettre en péril la croissance future.

*

Regardons de plus près, à la lumière de la crise de 2007-2008, les enchaînements entre surabondance des liquidités et du crédit d'une part, et dérèglements du système financier de l'autre.

Dès que les prix de l'immobilier aux États-Unis – qui avaient atteint des sommets inexplicables – ont commencé à se retourner à partir de 2006, les emprunteurs américains ont évidemment vu la valeur de leurs gages fonciers se réduire, mais aussi leur capacité à rembourser. En effet, les banques, constatant l'appauvrissement patrimonial de leurs clients, ne pouvaient plus consentir aux plus impécunieux d'entre eux de nouveaux crédits qui eussent pu les aider à rembourser leurs emprunts hypothécaires antérieurs.

Mais il y avait plus grave encore.

Comme les crédits immobiliers avaient été en grande partie « titrisés » (c'est-à-dire vendus sur les marchés mondiaux à des investisseurs sous forme de titres), le virus des mauvais *subprimes* initiés aux États-Unis par les banques américaines a vite infecté les marchés financiers par un processus fatal de contagion.

Par ailleurs, la baisse des prix de l'immobilier a conduit les agences de notation (qui n'avaient pas anticipé ce retournement) à dégrader massivement les notes (bien trop favorables) qu'elles avaient données à l'origine à ces instruments hypothécaires titrisés. Les prix de ces actifs se sont donc effondrés et les institutions qui les détenaient (banques, *hedge funds*, conduits, fonds monétaires...) ont donc dû les provisionner, à défaut de pouvoir les vendre sur des marchés où les acheteurs avaient disparu.

Mais, pour acquérir, avant la crise, ces instruments titrisés – qui s'étaient avérés relativement attractifs dans un environnement de taux d'intérêt très faibles – la plupart des intermédiaires financiers avaient beaucoup emprunté.

Ces institutions avaient ainsi considérablement accru leur effet de levier (en laissant diminuer la proportion de leurs fonds propres par rapport aux prêts consentis) ainsi que leur pouvoir de transformation (en empruntant court pour financer des actifs longs). Il s'est ensuivi que la chute de la valeur des actifs titrisés sous-jacents a entraîné, à son tour, la défiance des prêteurs : soudainement, les marchés interbancaires et celui du « papier commercial » se sont asséchés et nombre d'institutions n'ont pu refinancer les actifs qu'elles détenaient dans leur bilan. Certaines SICAV monétaires – qui détenaient des *subprimes* – étaient devenues « illiquides » alors qu'elles étaient traditionnellement considérées comme des substituts de monnaie.

Dans un monde hyperfinanciarisé, où la liberté des mouvements de capitaux est l'élément central du jeu monétaire international et où l'endettement des agents économiques s'était accru sans contrôle et à très bas taux d'intérêt, plusieurs phénomènes se sont produits :

• *Comme on l'a déjà montré, l'intégration mondiale des marchés financiers et la titrisation se sont révélées être des facteurs de contagion et donc de vulnérabilité.* Désormais, la crise ne peut plus être contenue dans l'État ou dans le secteur où le feu a démarré. Elle se propage aussitôt à travers le monde.

• *Un système financier dont le développement repose trop, comme c'est le cas du financement de l'immobilier aux États-Unis, sur la hausse continuelle du prix des actifs* – en l'occurrence celui des logements –, est voué à des crises répétées. À cet égard, le système bancaire anglo-saxon avait contribué à l'euphorie ambiante en « extrayant » de la valeur pour leurs clients à partir de la hausse des prix immobiliers et en augmentant ainsi sa capacité à accorder des prêts supplémentaires à des emprunteurs souvent impécunieux.

• *L'expansion du crédit a puissamment contribué à la montée du prix des actifs. Plus on emprunte, plus on achète et plus le prix des actifs monte.* Cette hausse s'est elle-même traduite par les « effets-richesse », surtout dans le monde anglo-saxon : en effet, la hausse des valeurs patrimoniales donne à beaucoup l'impression d'être plus riches et de pouvoir donc emprunter davantage. Mais la formidable montée des valeurs sur les marchés boursiers liée à l'excès de création monétaire est préoccupante dans la mesure où elle n'est pas en ligne avec les taux de croissance économique très modérés que nous connaissons depuis quelques années.

• Les interconnexions entre marchés traditionnels et marchés dérivés ont surpris par leur ampleur. Dans un monde où la sophistication des produits financiers a crû exponentiellement, *la complexité s'est révélée source d'instabilité et de contagion.*

• *L'intensification des échanges de titres financiers a accru la sensibilité des positions* extérieures nettes des grands pays aux mouvements des taux de change et des prix des actifs[7]. Ainsi, les États-Unis ont bénéficié, au cours

7. Entre 1973 et 1996, l'intégration financière internationale (somme des actifs et des passifs extérieurs dans le PIB) a connu une croissance soutenue. Dans

des années 2000, d'effets de valorisation positifs de leur position extérieure nette en dépit de la détérioration continue de leur solde de balance courante. Le processus d'ajustement des balances des paiements s'en est trouvé faussé.

• *La politique monétaire avait trop mis l'accent sur la stabilité des prix à la consommation, et pas assez sur la hausse anormale des prix* des actifs et sur les bulles financières qui sont, pourtant, des indicateurs très sûrs d'inflation future.

D'une manière plus générale, *les acteurs de la politique monétaire ont sous-estimé l'importance du « cycle financier »* qui exerce sur l'économie réelle un effet d'autant plus déstabilisant que la masse de liquidités est élevée. Après l'emballement du prix des actifs et la crise, vient la nécessaire et inéluctable « réparation » des bilans soufflés durant les années d'euphorie. Cette réparation est longue (environ deux fois plus longue – autour de dix ans – que le cycle économique traditionnel) et entraîne de lourds sacrifices en termes de réduction des investissements et d'accroissement du chômage.

Mais, au-delà de cette évocation des incidences globales de la croissance massive du crédit, il faut se préoccuper aussi du *raccourcissement des échéances* qui la caractérise.

---

ce contexte de mondialisation financière, les revalorisations d'actifs et de passifs extérieurs ont augmenté alors que le rôle des déséquilibres courants déclinait.

Du temps de la première globalisation financière (celle du XIXe siècle), les capitaux circulaient librement comme aujourd'hui. Mais c'étaient, en majorité, des flux d'épargne de long terme – investissements directs sous forme d'émissions d'obligations ou d'actions – destinés à financer les dépenses d'infrastructure liées à la révolution industrielle (chemins de fer, équipements électriques…).

• *Aujourd'hui, la situation a complètement changé : ce sont les flux financiers de très court terme qui prédominent*[8].

Comme le disait Keynes : « Lorsque l'organisation des marchés financiers se développe, l'activité de spéculer l'emporte sur l'activité d'entreprendre. »

J'ajouterai une dernière observation. Lorsque la politique monétaire des pays avancés – et notamment celle de la Fed, qui joue un rôle décisif sur l'ensemble des marchés – s'assouplit et que les taux d'intérêt s'approchent de zéro, les pays émergents sont directement affectés par cette situation. Ces pays connaissent, en général, du fait de leur processus de « rattrapage économique », une inflation et donc des taux d'intérêt plus élevés que ceux que l'on observe dans les pays avancés. Dans l'environnement de bas taux qui règne sur les grands centres financiers, les investisseurs trouvent donc dans ces pays émergents des taux de rémunération plus élevés. D'où des mouvements de capitaux disrupteurs et à très court terme (*carry trade*) : les pays émergents ont alors du mal à sauvegarder leur

8. Les montants échangés chaque jour – à la vitesse électronique – sur le marché des changes défient l'imagination : 4 000 milliards de dollars contre 200 en 1986.

politique monétaire anti-inflationniste au risque de voir leur change s'apprécier. Et les entrées de capitaux nourrissent, à leur tour, des bulles de crédit locales[9].

Contrairement au « consensus » qui a endormi la vigilance des institutions chargées de la stabilité financière, la création massive de liquidités est loin de présenter un bilan positif.

Elle s'est accompagnée d'un excès de l'endettement global qui a fragilisé le système financier en rendant la croissance future plus problématique. Elle a aussi influencé le comportement des États – et de leurs ministres des Finances – en éloignant l'objectif de discipline budgétaire et en reportant à plus tard les réformes indispensables pour augmenter la croissance potentielle.

---

9. Après la crise, le mouvement a continué dans certains pays émergents. Ainsi, le crédit en monnaie étrangère aux entreprises et aux ménages chinois a plus que doublé de 2009 à 2011 (voir Borio C. *et al.*, « Global credit and domestic credit booms », *BIS Quarterly Review*, septembre 2011).

Préjugé 3
« Des taux d'intérêt nuls, voire négatifs,
facilitent le financement de l'économie »

CHAPITRE III

Des taux d'intérêt nuls ou négatifs peuvent-ils faciliter le financement de l'économie ?

Nous vivons aujourd'hui une période étrange.

Si l'on a connu, dans le passé, des périodes de taux négatifs en termes réels (taux défalqués de l'inflation), c'est la première fois que l'on peut observer l'existence persistante de taux d'intérêt zéro ou même négatifs en termes *nominaux*.

Regardons en premier lieu l'évolution des taux directeurs de la Fed en termes réels.

Nous constatons (voir le graphique III.1) que, depuis 2000, sur une période de dix-sept ans, les taux directeurs réels américains ont été *négatifs* pendant douze ans. C'est une situation unique et qui pourrait durer.

Examinons maintenant la baisse – quasi universelle – des taux nominaux. Le graphique III.2 ci-dessous montre l'ampleur des taux négatifs qui caractérise la situation actuelle : les taux inférieurs à zéro concernent

Graphique III.1. Les taux d'intérêt réels américains ont été le plus souvent négatifs pendant les dix-sept dernières années

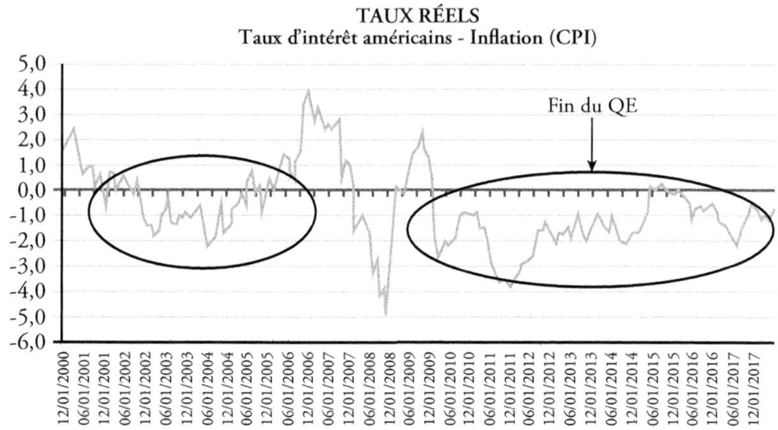

Source : Bloomberg.

aujourd'hui près d'un tiers de la courbe des taux nominaux des pays avancés autres que les États-Unis.

Concrètement, cela signifie qu'un acheteur de bons du Trésor allemand d'une durée inférieure à quatre ans va devoir payer une subvention à l'État emprunteur pour être autorisé à lui prêter.

Cette incongruité a paru normale, et même souhaitable, à beaucoup. Pourtant, le paradoxe est de taille. Pour financer une économie et son investissement, est-il naturel de taxer l'épargnant ?

Graphique III.2. Les taux d'intérêt nominaux souverains globaux (hors États-Unis) « plongent sous l'eau » pour la première fois de l'histoire

	Suisse	**Japon**	**Allemagne**	**France**	**Espagne**	**Italie**	**États-Unis**
1Y	-0,79	-0,13	-0,65	-0,56	-0,35	0,31	2,34
2Y	-0,73	-0,13	-0,64	-0,45	-0,28	0,78	2,59
3Y	-0,64	-0,11	-0,57	-0,30	-0,11	1,14	2,69
4Y	-0,52	-0,11	-0,45	-0,15	0,05	1,53	2,76
5Y	-0,45	-0,10	-0,29	0,03	0,35	1,81	2,76
6Y	-0,34	-0,08	-0,13	0,07	0,54	2,15	2,83
7Y	-0,25	-0,05	-0,01	0,22	0,72	2,33	2,83
8Y	-0,19	-0,04	0,12	0,38	0,97	2,42	2,89
9Y	-0,14	0,00	0,24	0,46	1,16	2,59	2,92
10Y	-0,07	0,04	0,36	0,64	1,29	2,66	2,86
15Y	0,28	0,25	0,63	1,03	1,83	3,05	2,99
20Y	0,42	0,48	0,79	1,15	1,83	3,29	2,97
30Y	0,55	0,69	1,01	1,52	2,47	3,49	2,96

Source : Bloomberg au 12 juin 2018.

Essayons de mieux comprendre en évoquant successivement trois aspects de la question.

1. Le rôle de l'épargne pour financer l'investissement reste central.

2. Quels sont les facteurs qui expliquent la baisse des taux d'intérêt ? Y a-t-il un excès structurel d'épargne qui expliquerait la baisse tendancielle des taux ?

3. Peut-on assurer la stabilité du fonctionnement des marchés financiers dans une ère de taux durablement bas ?

Le rôle de l'épargne

Le graphique III.3 ci-dessous donne une vue d'ensemble de l'origine du financement de l'économie de la zone euro (en termes d'encours).

On y voit, d'abord, que l'épargne financière nette accumulée par les ménages représente près de 90 % de l'ensemble des besoins de financement de l'économie européenne.

On y voit, en second lieu, que plus des deux tiers de l'épargne financière des ménages sont consacrés au financement des entreprises, et un tiers au financement des États (déficits budgétaires).

On y voit, enfin, le rôle essentiel joué par les banques et les organismes assimilés (55 % au total) dans l'intermédiation de l'épargne ainsi que par les autres institutions financières (en particulier les assurances).

Un dernier mot sur le rôle de l'épargne longue : près de 75 % de l'ensemble des encours d'épargne (ménages, entreprises, secteur public, reste du monde) répertoriés dans ce graphique sont à long terme, et couvrent, statistiquement, 80 % des investissements longs (qui représentent eux-mêmes 90 % environ du total des besoins de financement totaux). Le système financier global décrit dans ce schéma est donc relativement peu « transformateur » : 47 trillions d'épargne à long terme face à 58 trillions de besoins longs (11 trillions seulement font donc l'objet d'une transformation de ressources courtes en emplois longs[1]).

1. La transformation réalisée par le système financier donne une vue assez comparable. L'épargne à long terme intermédiée finance 77 % des besoins longs de l'économie.

Graphique III.3. L'épargne des ménages assure environ 90 % des besoins de financement de la zone euro

Europe,
Encours,
EUR milliards
(31 décembre 2017)

CT : court terme
LT : long terme

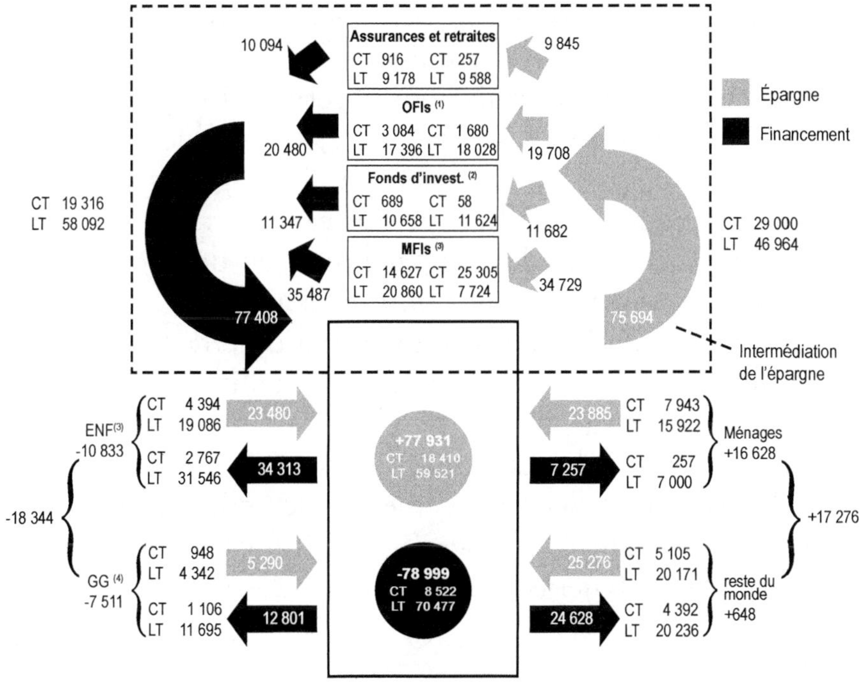

(1) Autres intermédiaires financiers
(2) Fonds d'investissement, sans SICAV monétaires
(3) Institutions monétaires et financières
(4) Entreprises non financières
(5) Gouvernement général

Source : BCE, BNP-Paribas.

Quels que soient les avatars des taux d'intérêt dans l'avenir, il est à penser que le marché devra offrir aux épargnants sur la longue période un taux de rémunération suffisant pour équilibrer l'équation fondamentale : épargne-investissement. Il est difficile, en effet, d'imaginer, *a priori*, un système économique où le taux d'intérêt d'équilibre se situerait, durablement, comme aujourd'hui, autour de zéro. On pourrait le comprendre dans une période de recherche transitoire d'un nouvel équilibre, mais pas de façon pérenne, car une partie de l'incitation à épargner disparaîtrait.

Cependant, on pourrait bien observer, si la perspective de taux bas devait se prolonger, une réduction de l'horizon de l'épargne financière des ménages (horizon actuellement long, en Europe, comme je viens de le montrer). Cela se traduirait par l'une des deux conséquences suivantes (ou leur combinaison) :

– une augmentation de la transformation effectuée par le système financier, et donc une fragilisation de ce système devenu plus coûteux ;
– une réduction des investissements longs auxquels se substitueraient des financements plus courts, ce qui irait à l'encontre des besoins en infrastructures de nos sociétés (énergie, environnement...).

Les raisons de la baisse des taux : y a-t-il un excès d'épargne dans le monde ?

Quand on examine la courbe des taux des bons du Trésor à dix ans concernant, notamment, la France et l'Allemagne (graphique III.4) on constate que, depuis une vingtaine d'années, les taux calculés en termes réels

Graphique III.4. Les taux d'intérêt réels de la zone euro ont fortement décru depuis 1985…

Évolution de taux d'intérêts réels de l'emprunt d'État à 10 ans de pays de la zone euro depuis 1985

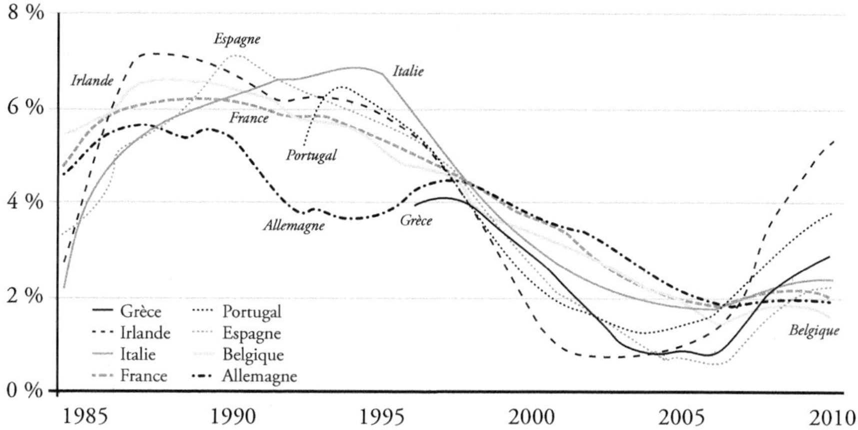

Source : Olivier Berruyer, www.les-crises.fr.

Les taux réels de la périphérie de l'Europe étaient particulièrement bas entre 2000 et 2007 en raison de la plus forte inflation de ces pays.

ont fortement et continûment baissé (d'un niveau de 5 à 6 % en 1995 à moins de 2 % en 2010).

Le même phénomène caractérise aussi les pays industrialisés extérieurs à l'Europe (graphique III.5).

Graphique III.5. … en dehors de l'Europe, les taux d'intérêt réels ont aussi fortement décru depuis 1985

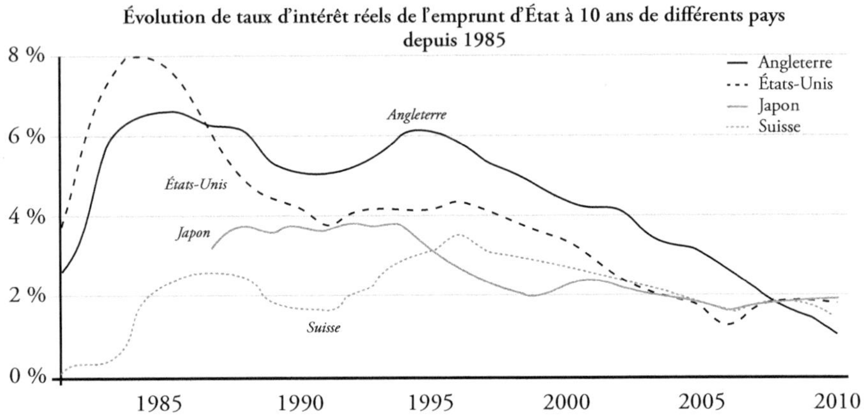

Source : Olivier Berruyer, www.les-crises.fr.

Quels sont les facteurs à l'origine de cette tendance ?

1. Il y a, tout d'abord, et de façon prédominante, l'*effet de la politique monétaire elle-même.* Depuis le début des années 1990 la Fed a imprimé au monde une politique monétaire extrêmement accommodante. Cette politique a cumulé ses effets avec celle du *quantitative easing* de ces dernières années. Les banques centrales ne limitent plus leur action à peser sur les taux à court terme. Elles achètent directement sur les marchés des montants considérables de titres afin de faire baisser les taux sur l'ensemble des échéances.

C'est une politique qui interfère, par construction, dans la solution de l'équation fondamentale : épargne

= investissement. Des acteurs extérieurs au marché – les banques centrales – interviennent en effet, désormais, pour modifier les données classiques de l'équilibre, en achetant massivement des titres ce qui augmente leur valeur (au détriment de leur rendement).

Cette politique s'est traduite par des interventions massives à l'achat. Ainsi, les achats effectués par la Banque d'Angleterre entre 2009 et 2012 ont été équivalents à l'émission (nette) totale de titres émis par la Trésorerie pendant cette période. Quant à la BCE, elle a absorbé, au titre de sa politique d'aisance quantitative, jusqu'aux deux tiers des émissions publiques.

Ces actions ont montré leur efficacité immédiate : aux États-Unis comme en Grande-Bretagne et en Europe, les taux d'intérêt ont été ramenés à un niveau d'au moins 100 points de base inférieur (davantage aux États-Unis) à celui qui aurait prévalu en l'absence de programmes d'achats.

2. On peut ajouter à ces actions directes des banques centrales destinées à créer des liquidités et à faire baisser les taux, l'*influence exercée par l'absence d'un système monétaire international* depuis plus de quarante ans. Les interventions systématiques à l'achat de dollars par les banques centrales des pays connaissant des excédents de balance des paiements courants, et souhaitant freiner l'appréciation de leur devise, ont augmenté sensiblement la liquidité internationale. On a pu calculer que l'effet à la baisse sur le niveau des taux d'intérêt de ces interventions a été de l'ordre de 100 points de base sur longue période.

Le privilège du dollar comme monnaie de réserve internationale se traduit par l'« effet Triffin » : contrairement à un crédit international quelconque qui doit être « réglé » à bonne date conformément au contrat et à la satisfaction du créancier (et se traduire, le moment venu, par une baisse des réserves de la banque centrale – ou des actifs financiers – du pays débiteur), les créances accumulées en dollars restent libellées dans la monnaie américaine. Elles sont, en quelque sorte, économiquement, utilisées deux fois : par l'importateur américain, qui débite son compte au profit de l'exportateur étranger, et par ce dernier qui peut utiliser ses dollars sans que la Fed ait à réduire ses actifs (elle ne fait que laisser augmenter ses exigibilités en dollars).

3. Mais, au-delà de ces facteurs liés à la politique monétaire, y aurait-il des causes plus profondes et plus durables qui pourraient expliquer *une baisse « tendancielle » des taux d'intérêt* ?

Un certain nombre d'économistes tendent à penser que pour des raisons démographiques (vieillissement des populations et baisse de la fertilité des pays « avancés ») ainsi que pour des raisons liées à un ralentissement de l'innovation technologique (et donc des gains de productivité), le monde des pays industrialisés va faire face à une longue baisse de sa croissance potentielle. C'est la thèse de la « stagnation séculaire ».

Il est de fait que les revenus par tête ont mis un siècle à doubler avec la première révolution industrielle (de 1800 à 1900) alors qu'ils ont encore doublé, mais, en trente ans seulement, de 1930 à 1957, puis encore de 1957 à 1988, ce qui constitue une accélération historiquement inouïe dont les causes sont multiples (révolutions technologiques, allongement de la vie humaine, amélioration des conditions de travail, changements de modes de vie...)[2].

Mais un facteur explicatif commun est primordial : la diffusion continue d'innovations technologiques qui expliquent les progrès de productivité constatés sur ces périodes. Le problème est de savoir si de nouveaux progrès seront au rendez-vous pour maintenir des gains de productivité permettant de continuer la hausse des revenus par tête.

Or, comme le constatent ces économistes, les gains annuels de productivité se sont considérablement ralentis depuis le début des années 1970. Les innovations semblent davantage se porter aujourd'hui sur les produits de consommation – smartphones, tablettes... – qui ne donnent guère lieu à une augmentation directe de la productivité ou même à une croissance du niveau de vie.

Si l'on suit cette ligne de raisonnement, on pourrait voir s'instaurer, chez les pays concernés, une croissance potentielle limitée à 0,2 % à l'horizon de la fin du siècle, c'est-à-dire un retour à l'évolution de la période séculaire d'avant 1800[3].

Il est clair que si nous devions nous « installer » dans un tel état de « stagnation séculaire », la demande d'investissement en serait significativement réduite. L'équilibre épargne/investissement devrait donc s'ajuster. Si l'épargne

---

2. Voir Phelps E., *La Prospérité de masse*, Odile Jacob, 2017. Ce livre donne une explication remarquable des causes de ce décollage économique.
3. Voir Arvisenet P. d', « De la grande modération à une stagnation séculaire », *Conjoncture* (revue de la BNP-Paribas), avril 2015, n° 4.

restait « trop élevée » par rapport à la demande d'investissement, cet excès ne pourrait être résorbé que par une baisse des taux d'intérêt réels. Si le point de départ de ce processus de baisse est une réduction « normale » de taux nominaux positifs, l'équilibre se restaurera par une baisse de ces taux nominaux. Mais si, en revanche, comme cela est devenu la situation aujourd'hui, le taux était bloqué à la baisse par l'existence de taux zéro (*zero lower bound*), il faudrait que la politique monétaire tente de stimuler les anticipations inflationnistes afin de pouvoir réduire le taux réel au niveau d'équilibre.

Cela ne veut pas dire que la théorie de la stagnation séculaire accompagnée de taux durablement bas soit fondée. Cependant certains éléments – comme le vieillissement de la population, et ses conséquences sur la dépendance ou l'endettement de l'État et des ménages qui se traduira inévitablement, à terme, par une baisse de la consommation – vont dans le sens d'un affaiblissement de la croissance et donc d'une certaine baisse des taux d'intérêt. Il faut, en sens inverse, observer que la correction des insuffisances du système éducatif et les coûts de la transition énergétique devraient entraîner un surcroît d'investissement.

Mais cela ne veut pas dire pour autant que les taux d'intérêt devront demeurer négatifs en termes nominaux.

C'est ici que nous touchons à la stabilité du système financier.

Le marché financier peut-il opérer de façon stable dans un environnement de taux bas ou négatifs ?

Trois points de préoccupation peuvent être soulignés.

L'accroissement des risques

La réduction du montant des titres « sans risques » détenus, en règle générale, par les investisseurs privés – réduction due aux achats des banques centrales – pourrait inciter ces investisseurs à prendre de plus grands risques (*carry trade*, change, instruments financiers à haut rendement, etc.).

Les mêmes causes produisant les mêmes effets, il est à craindre que les taux de marché très bas soient de nature (comme c'était le cas en 2007-2008) à encourager l'endettement et la prise de risques excessifs par les investisseurs. Or l'excès d'endettement – en particulier des entreprises – constitue, comme en 2007, un risque systémique.

Le fait que les États soient à même d'emprunter à taux zéro – voire à des taux négatifs – est susceptible de réduire la volonté de certains d'entre eux – ainsi que de leurs ministres des Finances – d'assainir la situation budgétaire.

Mais le fait de monétiser les déficits publics (qui sont essentiellement le résultat de dépenses courantes) est de nature à créer, à plus long terme, des risques de « hasard moral ».

Les achats massifs[4] de titres par les banques centrales – par le *quantitative easing* (QE) – ont artificiellement gonflé la valeur des actifs obligataires. Le marché des obligations est donc soufflé et ne reflète pas une bonne appréciation des actifs et des risques courus.

Le frein à l'intermédiation

Dans un monde où le marché financier fournit des ressources à un taux d'environ 2 % aux entreprises correctement notées, il est difficile, pour les banques, de distribuer du crédit avec un coût de frais fixes qui est de l'ordre de 3 % en moyenne.

En effet, les clients bien notés tendent alors à s'orienter vers le financement direct et à taux bas sur les marchés obligataires et donc à délaisser le crédit bancaire.

Il en résulte une concentration de portefeuilles d'actifs bancaires sur les crédits les plus risqués, notamment aux PME qui ne peuvent accéder directement aux marchés. Cette évolution pose un double problème :

– elle entraîne, d'une part, pour les banques, des charges en capital plus élevées du fait de l'accroissement des risques pris, ainsi que, d'autre part, un renchérissement du crédit pour des entreprises qui sont souvent à la limite de ce qu'elles peuvent supporter en termes de marges ;
– il est maintenant établi que les PME – parce qu'elles sont complètement dépendantes des banques pour

4. La taille des actifs détenus par la seule BCE devrait atteindre 2,55 trillions d'euros fin septembre 2018.

leur financement – montrent une très grande sensibilité aux contraintes qui pèsent sur l'octroi de crédits bancaires (du fait, notamment, des relèvements de ratios de capital réglementaire)[5].

Il résulte de cette analyse que les taux d'intérêt très bas peuvent contribuer, à terme, à une raréfaction – ou à un renchérissement – du crédit aux PME, comme l'a bien montré l'économiste Ronald McKinnon. Mais n'oublions pas que les PME représentent les deux tiers des emplois nouveaux et près de 60 % de la croissance de la valeur ajoutée dans l'Union européenne. Il y a donc là un vrai problème de fond et pas seulement une curiosité technique.

Le défi des organismes d'assurance-vie et des fonds de pension

Les compagnies d'assurances et les fonds de pension détiennent des passifs à long terme assortis d'obligations contractuelles à l'égard des épargnants. Comment ces institutions pourront-elles faire face à ces engagements avec des actifs à rendement nul ?

N'y a-t-il pas là le danger de créer un décalage fondamental dans les bilans d'institutions qui jouent un rôle essentiel dans l'équilibre des marchés financiers ? Les fonds de pension publics aux États-Unis sont

5. Du fait de la concurrence bancaire européenne nettement plus forte qu'aux États-Unis, les banques de notre continent ont des marges faibles, ce qui complique leur recherche, à partir de leurs profits, de fonds propres additionnels. De fait, le coût marginal du capital pour une banque européenne est significativement plus élevé que son rendement sur fonds propres.

underfunded à hauteur de 60 % (contre 10 % à la fin des années 1970). Les fonds de retraite *corporate* sont courts de 20 %.

Il conviendrait donc de mesurer l'ampleur de ces problèmes *avant* de considérer la création de liquidités et la baisse des taux comme des solutions évidentes à la croissance.

Il faut ici se poser une question centrale qui constitue le fil conducteur de cet essai.

> Et si la croissance dépendait de la prise de mesures structurelles, et si les anticipations de très faible inflation étaient causées, en grande partie, par la perspective d'une croissance faible ? Alors il faudrait remettre en ordre les priorités : commencer par le structurel et ne pas croire que l'émission monétaire et la baisse forcée des taux d'intérêt soient la solution.

*

Je ne résiste pas à citer ces quelques considérations tirées du dernier livre de l'économiste Ron McKinnon[6] :

« Pour mieux préserver la stabilité financière et celle des taux de change dans la période de transition, les quatre grandes banques centrales (Fed, BCE, Banque d'Angleterre et celle du Japon) devraient décider, par une action commune, d'atteindre graduellement un objectif de taux centraux minimum – disons 2 % – tout en

6. McKinnon R., *The Unloved Dollar Standard. From Bretton Woods to the Rise of China*, Oxford University Press, 2013.

relâchant les engagements qu'elles auraient pu prendre en vue de maintenir indéfiniment les taux longs à des niveaux bas. En échappant à la trappe de liquidité qui réduit si profondément l'efficience de l'intermédiation bancaire domestique et aggrave le problème des bulles internationales, le centre des pays "avancés" en serait, avec la périphérie, le grand bénéficiaire. » McKinnon avait raison, avec plus de cinq années d'avance, sur le début de la normalisation monétaire aux États-Unis.

*

Avec la politique d'aisance quantitative pratiquée depuis quelques années, l'intervention directe des banques centrales tendant à faire baisser les taux d'intérêt à long terme par achats de titres nous est désormais familière.

Elle comporte un certain nombre de conséquences :

- Par définition, elle fausse la détermination par les marchés du taux d'équilibre entre épargne et investissement.
- Lorsque le taux d'intérêt, du fait de ces interventions, tombe à un niveau très bas, la préférence pour la liquidité tend à prévaloir (à la limite, tout le monde préfère de l'argent liquide à une créance qui ne rapporte rien – voire qui coûte – à l'épargnant).
- Les coûts intermédiaires fixes de nature bancaire empêchent la baisse des taux de se diffuser totalement au bénéfice de l'emprunteur. Ce fait a pour résultat, comme on l'a dit, de faire migrer les très bonnes signatures vers le financement direct par les marchés, ce qui

contribue à détériorer, en moyenne, la qualité des portefeuilles de crédits bancaires.

• L'accroissement de la masse monétaire ne conduit pas nécessairement à une stimulation de l'investissement. Il est possible, comme le note Keynes[7], « qu'un fort accroissement de la quantité de monnaie cause tant d'incertitude au sujet de l'avenir que les préférences pour la liquidité dues au motif de précaution s'en trouvent renforcées » (ce phénomène a joué, notamment en Europe, et a sans doute été sous-estimé par la BCE lorsqu'elle a conçu son *quantitative easing*).

• Lorsque ce sont des problèmes structurels (notamment démographiques) qui brident la croissance, la baisse des taux d'intérêt et la création monétaire ne sont guère efficaces. Le Japon en est une illustration depuis des années.

• Keynes insiste sur le rôle clé que joue l'efficacité marginale du capital[8] dans le maintien de l'emploi à un niveau satisfaisant. Au XIXe siècle, marqué par les progrès techniques et la croissance démographique, il a été possible de combiner des taux d'intérêt à long terme de 5 % en moyenne (3 à 3,5 % pour les obligations de tout premier ordre) avec des investissements suffisants pour maintenir l'emploi à un niveau acceptable. Mais depuis le début du XXe siècle, Keynes observe que pour toute une série de raisons (qui prévalent encore aujourd'hui), la courbe de l'efficacité marginale est devenue beaucoup

7. Voir Keynes J. M., *Théorie générale de l'emploi, de l'intérêt et de la monnaie* (1936), Payot, 1988.

8. L'efficacité marginale du capital peut être définie comme le rendement escompté d'un investissement pendant sa durée de vie.

plus basse qu'au XIXe siècle. Il en résulte que les taux d'intérêt d'équilibre sont naturellement orientés à la baisse. Le problème, c'est qu'en dessous d'un certain niveau (appelé par Keynes « le taux d'intérêt minimal acceptable ») il est difficile d'assurer le plein-emploi. En effet, la croissance économique requiert des taux relativement faibles, mais s'ils sont *trop* faibles, la préférence pour la liquidité (la thésaurisation) se manifeste. Les « manipulations monétaires » risquent fort de se montrer inefficaces, et peuvent, au contraire, renforcer la préférence pour la liquidité.

Que ceux qui se disent héritiers de la pensée keynésienne aient pu promouvoir l'existence prolongée de taux réels nuls ou négatifs reste pour moi un mystère.

Préjugé 4
« L'absence d'un vrai système monétaire international n'a guère de conséquences graves sur la stabilité de l'économie mondiale »

CHAPITRE IV

L'absence d'un véritable système monétaire international a-t-elle des conséquences graves sur l'économie mondiale ?

Essayons d'être lucides au risque d'être considérés comme « politiquement incorrects ».

Le régime des taux de change stables établi à la fin de la guerre a accompagné (et, dans une grande mesure, permis) la prospérité des Trente Glorieuses (1945-1975).

Mais depuis l'écroulement de Bretton Woods (1973), le monde a traversé une longue succession de crises financières dont celle de 2007-2008 a été la plus grave en termes de récession et de chômage.

Pourquoi soutenir – comme je le fais – que c'est la chute du système de Bretton Woods qui a ouvert la voie à ces crises financières à répétition et à la « surfinanciarisation » qui caractérisent et minent le monde d'aujourd'hui ?

La vue dominante

Tel est, en effet, le débat. Or le « consensus », forgé à partir de la fin des années 1960, a toujours pris parti pour une thèse opposée à la mienne.

De fait, la vue dominante a insisté sur les avantages qu'étaient supposés comporter les taux de change flottants. Ce paradigme avait, disait-on, le mérite de combiner :

- d'une part, l'autonomie des politiques économiques nationales et, par là même, la recherche par chaque pays de sa croissance maximale ;
- d'autre part, la liberté des mouvements de capitaux dont on escomptait les effets favorables sur l'investissement et la diffusion des progrès technologiques (on a vu, cependant, au chapitre II, que la création massive de liquidités avait miné la stabilité financière) ;
- en raison du « triangle des incompatibilités », le troisième élément de la trilogie – à savoir la stabilité des changes – ne pouvait coexister avec les deux précédents et devait donc être abandonné.

Le consensus soulignait aussi que le flottement des changes tendait à équilibrer les balances des paiements mondiales en permettant aux pays déficitaires de rétablir leur position extérieure par le jeu de la dépréciation de leur change (le mécanisme jouant, à l'inverse, pour les pays créditeurs dont le change était supposé s'apprécier).

Mais la réalité était différente

Mais, en fait, le flottement des changes n'a pas fonctionné comme le voulait la théorie. Les pays en position de créanciers structurels (comme la Chine, le Japon, ou les producteurs de pétrole) ont souhaité éviter une appréciation de leur taux de change afin de préserver leur compétitivité. Ils ont, de ce fait, acheté des montants considérables de dollars, ce qui a contribué à l'augmentation de la liquidité mondiale.

Les États-Unis – débiteurs permanents – bénéficiaient ainsi de cette relative stabilité du dollar que leur assuraient, par leurs achats de la devise américaine, les pays créditeurs. Les États-Unis évitaient donc la dépréciation continue du dollar qui aurait eu pour effet de les appauvrir (par le jeu de l'inflation importée). Ils étaient donc exemptés de la « contrainte extérieure » qui s'applique aux autres États.

Les conséquences du « consensus »

Dans ces conditions, pourquoi s'inquiéter des conséquences de la chute du système des taux de change stables de Bretton Woods ?

Pour plusieurs raisons.

• D'abord la liberté de faire flotter son change – voire de le manipuler – enlève à la communauté économique mondiale le ciment qui tenait ensemble l'édifice conçu en 1944 : c'est-à-dire la discipline collective en matière de politique économique. Si un pays souhaitait « dévier » de la ligne commune de stabilité considérée comme raisonnable, en augmentant son déficit budgétaire ou en donnant libre cours à l'octroi de crédit, il était aussitôt sanctionné par le marché.

En effet, comme ce pays relançait la demande intérieure, sa balance commerciale se détériorait, son inflation tendait à monter, les sorties de capitaux prenaient de l'ampleur et sa monnaie se dépréciait. Face au risque de dévaluation, il fallait que le pays « déviant », qui était contraint par la marge de fluctuation maximale autorisée de 1 % de son taux de change, s'explique devant le FMI et rentre « dans le rang » quitte à être autorisé, le cas échéant, à dévaluer. La stabilité des changes agissait donc comme une corde de rappel. Rien de tel aujourd'hui[1].

On comprend que l'abandon en 1973 de la discipline collective en matière de change autorisait désormais la liberté totale des politiques économiques. « Liberté et laisser-faire pour tous ! Plus de sanctions ! » De fait, c'est bien le souci de conserver leur liberté d'action qui avait amené les autorités américaines à leur décision de 1971. La convertibilité or du dollar et l'obligation de maintenir la stabilité du taux de change gênaient, en effet, la politique des États-Unis tant en ce qui concerne le financement de la guerre du Vietnam que

1. On pourrait objecter que la stabilisation de fait des grandes monnaies par les achats de dollars réalisés par les pays en surplus de balances des paiements courants équivaut à un « système ». Il n'en est rien, car cette stabilisation n'implique aucune obligation d'ajustement (ni chez les débiteurs ni chez les créanciers). Elle perpétue, au contraire, les déséquilibres.

celui de l'État providence. C'est donc l'intérêt national (du moins tel qu'il a été compris à l'époque) qui explique la décision américaine de mettre fin au régime de Bretton Woods.

C'est là, du reste, la première manifestation majeure du nationalisme s'attaquant à la conception multilatérale forgée à la fin de la guerre. Le président Nixon était, sans doute, inconscient des conséquences profondes qu'allait entraîner sa décision.

• La liberté de dépenser allait régner désormais sans contrainte. On en usa et abusa pendant quarante ans. Mais la montée corrélative de l'endettement, avec ses effets cumulatifs, atteint aujourd'hui des sommets inouïs, qui minent la stabilité du système financier. L'innovation financière a facilité cette financiarisation universelle. Et la déréglementation, commencée dans les années 1980, n'a fait qu'attiser le phénomène. L'ensemble des « élites » a laissé faire, sans que soit engagé un véritable débat démocratique sur le bien-fondé de cette politique et ses conséquences sur les générations futures. Cela est pour le moins étrange.

• On constate ainsi, depuis la fin de Bretton Woods, que ce sont les marchés financiers qui ont pris une importance toujours croissante.

Or, à la différence des marchés de biens et de services non financiers, où le coût de revient constitue toujours une donnée fondamentale gouvernant l'équilibre des prix, les marchés financiers sont beaucoup plus incertains et fluctuants : ils sont influencés par les « sentiments » des opérateurs et par les mouvements spéculatifs ou les craintes politiques : il n'y a souvent ni plafonds ni planchers objectifs autour d'un prix de revient dans le domaine financier. Et la faculté que se donnent les banques centrales de créer librement de la monnaie ne fait qu'amplifier cette volatilité. D'où les vagues de *booms and busts* que nous n'avons cessé de connaître depuis.

Du temps de Bretton Woods, l'économie mondiale était ancrée sur la stabilité des changes. Les attentes (« expectations ») étaient, de la sorte, cadrées, et l'importance des marchés financiers était contenue.

Aujourd'hui c'est la liberté et l'ampleur des flux de capitaux qui sont déterminants. Il en résulte que c'est le cycle financier qui nous gouverne avec les phases d'expansion et d'éclatement qui le caractérisent (*boom and bust*).

Quid *de l'avenir ?*

Sans prétendre vouloir revenir à l'identique au système de Bretton Woods, dont les ajustements automatiques peuvent être, à bon droit, considérés comme trop systématiques et asymétriques (pénalisant les pays en déficit et avantageant les créditeurs), il serait néanmoins important de stabiliser intelligemment le système mondial des changes. Cela est loin d'être impossible. Les mécanismes existent et pourraient être mis en œuvre (panier de grandes monnaies dont les rapports seraient cadrés et surveillés par une autorité internationale). Mais de telles propositions supposent volonté politique et leadership. Pour le moment, rien ne paraît aller dans cette direction.

Les grands acteurs du monde économique (notamment les États-Unis, la Chine, le Japon) trouvent aujourd'hui intérêt au « non-système » existant. Les Américains peuvent vivre et croître à crédit tout en bénéficiant et en jouant de la suprématie diplomatique du dollar. Quant aux pays exportateurs nets, ils achètent et accumulent des actifs en dollars tout en profitant de la croissance générée par leurs exportations.

Dans cet « équilibre » fragile d'intérêts particuliers, je ne vois guère aujourd'hui d'incitations à réformer les choses en profondeur dans un souci multilatéral.

Un système monétaire international n'est, en fin de compte, qu'une manière de coordonner les politiques économiques des grands acteurs.

Cette coordination implique une certaine limitation des souverainetés nationales afin de pouvoir maximiser le bien commun. Les données politiques actuelles ne semblent guère compatibles avec cette conception de l'intérêt collectif.

Au fond, les gouvernements ont cru retrouver leur liberté pour déterminer leur politique économique lors de la chute de Bretton Woods. En fait ils n'ont fait que se subordonner aux marchés en profitant passivement des facilités d'endettement qui ont prédominé depuis lors.

Préjugé 5
« Les pertes subies par les entreprises financières seront toujours couvertes par les pouvoirs publics »

CHAPITRE V

Est-il bon de voir l'État systématiquement couvrir les pertes subies par les entreprises financières ? Une discussion du « hasard moral »

L'origine et la définition de l'expression – assez énigmatique – d'« aléa moral » (ou de « hasard moral » selon l'anglais : *moral hazard*) méritent une explication.

Ce concept a pris naissance chez des assureurs qui ont cherché à savoir si les comportements (*moral behaviour*) de leurs clients pouvaient être influencés par l'existence de contrats les protégeant contre divers types de risques.

Serait-il possible que certains assurés se montrent moins prudents, voire prennent délibérément des risques auxquels ils ne se seraient pas normalement exposés sans assurance ?

Une telle déviation de comportement se manifeste-t-elle effectivement ? Dans l'affirmative, peut-elle revêtir une importance significative ?

Cette notion d'aléa moral (c'est-à-dire d'incertitude sur les comportements) peut avoir une portée plus générale. Si les individus sont persuadés que les pouvoirs publics interviendront toujours pour les protéger en cas de péril, certains d'entre eux (ou nombre d'entre eux) peuvent être tentés de relâcher leur prudence naturelle.

Si l'État a tendance – comme c'est de plus en plus le cas – à intervenir systématiquement, notamment en vertu du principe de précaution, on conçoit, par exemple, que certains assurés sociaux puissent se montrer moins stricts quant à leurs règles d'hygiène. De même, des alpinistes, ou autres amateurs de sports dangereux, peuvent-ils être tentés d'affronter des périls déraisonnables, sachant qu'ils pourront toujours compter sur l'assistance de la « protection civile ».

Or le coût pour la collectivité de tels comportements peut s'avérer très lourd. Mais c'est dans le domaine financier que l'aléa moral a pris, avec la crise de 2007-2008, une dimension spectaculaire. C'est cet aspect de la question que j'aborderai ici autour de trois axes :

– les fondements théoriques du concept d'aléa moral ;
– les changements intervenus depuis vingt ans dans le monde financier et comment ils ont favorisé l'aléa moral ;
– la dimension extraordinaire du phénomène actuel et les mesures nécessaires pour contenir, voire tenir en échec, ce qui est devenu une véritable calamité publique.

Les fondements théoriques du concept d'aléa moral

Il faut évoquer ici le grand économiste américain Kenneth Arrow, prix Nobel et professeur à Stanford puis à Harvard, qui est célèbre pour sa théorie – aujourd'hui contestée – de l'équilibre général fondé sur l'hypothèse de la rationalité des agents économiques. C'est lui qui, le premier, a conçu la théorie de l'aléa moral dans ses travaux des années 1950 et 1960[1].

Partant de la théorie de Bernouilli sur l'aversion – générale – au risque, Arrow aborde la question du recours à l'assurance.

La tendance au partage des risques et les mécanismes utilisés

Il observe que dans tout système économique – mais en particulier dans le système capitaliste – les producteurs de biens et de services, les chefs d'entreprise, sont appelés à faire face à des risques liés à l'incertitude qui caractérise les activités humaines. Les gains, comme les pertes, sont aléatoires ; cette incertitude est le lot des entrepreneurs.

1. Arrow K. J., « Alternative approach to the Theory of choice in Risk-taking situations », *Econometrica,* 1951, 19 (4), p. 404-437 ; « Le role des valeurs boursières pour la répartition la meilleure des risques », 1953 ; « The economics of Moral Hazard. Further comment », 1958 ; « Uncertainties and the Welfare economics of medical care », 1963 ; « Essays in the theory of Risk Bearing », 1971.

Mais, depuis longtemps, un certain nombre d'institutions ou de mécanismes ont aidé les entrepreneurs à transférer sur d'autres quelques-uns de ces risques.

Les mécanismes les plus courants sont la création des sociétés anonymes et l'assurance.

Les sociétés de capitaux – qui limitent les pertes des actionnaires au montant qu'ils ont investi – sont un moyen, pour le chef d'entreprise, de transférer une partie du risque couru du fait de son activité à des tiers qui acceptent d'acheter des actions et donc de prendre en charge une partie du risque, mais aussi de bénéficier des gains de la société en question. Ce mécanisme permet au chef d'entreprise de prendre davantage de risques – et, ainsi, de faire avancer le progrès technologique –, démarche dont les résultats sont par essence incertains.

L'autre mécanisme de transfert de risques, le plus courant, est l'assurance. Contre le paiement de primes, les assurés – entrepreneurs ou individus – obtiennent une protection contre la survenance de certains risques futurs.

Ces mécanismes sont, par nature, limités et imparfaits.

Ainsi, une entreprise qui entendrait porter seule le risque lié au processus de production, mais souhaiterait transférer à d'autres le risque lié à l'évolution du marché et de la demande, ne peut le faire à travers la constitution d'une société cotée en Bourse. On conçoit, en effet, que l'entreprise ne saurait garder les bons risques et partager les autres…

De même, les compagnies d'assurances ont-elles toujours segmenté les protections qu'elles offrent (santé, dégâts des eaux, incendies, vols, catastrophes…), mais ne peuvent ni ne souhaitent couvrir tous les risques possibles. De plus, elles limitent, en général, leur protection à la valeur des biens assurés.

Ces limitations – qui visent à cantonner les risques pris par les compagnies d'assurances – sont souvent renforcées par certaines réglementations d'origine extérieure. Ainsi, les lois sur les faillites peuvent aboutir à l'extinction complète des droits des actionnaires ainsi qu'à la contribution des créanciers à la poursuite de l'activité de l'entreprise.

De leur côté, les compagnies d'assurances santé, afin de mieux limiter leurs risques, font procéder à des examens médicaux de leurs assurés. Dans la même perspective, l'État veille à la qualité des diplômes médicaux et institue des procédures de contrôle pour éviter les abus (certificats de complaisance, excès de prescriptions...).

L'aléa moral

Or ces interventions (extérieures aux mécanismes du marché) sont, en grande partie, liées aux problèmes de l'aléa moral. En effet, comme le dit Arrow, « le contrat d'assurance pourrait modifier les incitations et, en conséquence, les probabilités de risques sur lesquelles la compagnie a fondé sa politique ». Ainsi, une assurance contre l'incendie ne couvrira jamais plus que la valeur actuelle de l'immeuble. Sinon, cela encouragerait l'assuré négligent ou, à l'extrême, l'incendiaire.

« Ce qui serait souhaitable, observe Arrow, en matière d'assurances, c'est que les événements contre lesquels un individu cherche à se protéger soient en dehors de son contrôle. Malheureusement, dans la vie réelle, cette séparation ne peut jamais être parfaite. »

Le problème de fond est celui de l'asymétrie d'informations : l'assuré négligent ou mal intentionné sait qu'il est négligent ou malhonnête ; l'assureur ne le sait pas. Ce dernier ne peut donc définir parfaitement les risques qu'il assure. Il observe, en général, un résultat qui est composé de risques inévitables (qu'il est désireux de couvrir) et de décisions humaines déviantes aléatoires (aléa moral) qu'il ne souhaite pas assurer.

L'assureur devra donc, pour éviter de transférer trop de gains à des assurés mal intentionnés (au détriment des autres), multiplier les contrôles. Si l'assureur est trop généreux, si l'assuré peut vivre plus confortablement sans se plier aux disciplines nécessaires, les coûts auront tendance à s'élever pour l'ensemble des clients.

Arrow ajoute : « Il est aisé de constater que l'assurance contre l'échec économique n'existe pas : l'incitation à réussir serait trop gravement réduite. » C'est à ce point qu'Arrow préconise la « coassurance », c'est-à-dire le partage des risques entre l'assureur et l'assuré. (Le « malus » prévu par les contrats d'assurance automobiles est une des formes de ce partage.)

Tous ces raisonnements, on va le voir d'ici un instant, s'appliquent, dans leur principe, à la situation actuelle née de la crise financière.

La portée extraordinaire de l'aléa moral en matière financière

La spécificité de l'industrie financière offre un terrain favorable à l'aléa moral

L'industrie financière – et tout particulièrement les banques – comporte, par rapport aux autres activités économiques, industrielles ou commerciales, une spécificité.

Le système bancaire assure, en effet, la fonction, essentielle, dite « d'intermédiation », c'est-à-dire que les banques collectent l'épargne des particuliers (dépôts) pour la transformer en prêts. Cette « transformation » de dépôts à vue ou à court terme en actifs à moyen-long terme joue un rôle central dans le fonctionnement de nos économies.

Mais ce mécanisme est fragile et son exercice peut être dangereux. Il dépend, pour être efficace, de la qualité des prêts consentis. Celle-ci dépend, à son tour, de la qualité et du sérieux de l'analyse des risques à laquelle procède le banquier. Si cette analyse est défectueuse et qu'un nombre élevé d'emprunteurs en viennent à connaître des difficultés ou des défauts de paiement, c'est la qualité du bilan de la banque – et sa réputation – qui sont menacées. Dans ce cas, le danger est de voir les déposants perdre confiance dans leur banque et retirer leurs fonds.

On comprend l'importance de l'enjeu : la confiance des déposants dans leurs banques est cruciale. Sans elle, le système bancaire – et par voie de conséquence le financement de l'économie – s'effondrerait. La sécurité de l'épargne peut donc être considérée comme un « bien public ».

Comment assurer la stabilité du système bancaire et des dépôts sans ouvrir la voie à l'aléa moral ?

Trois moyens sont bien connus :

• *Une réglementation adaptée.* Du fait de l'importance de leur fonction, les banques sont soumises à un corps de règles particulières édictées par les pouvoirs publics. Ces règles imposent aux établissements des obligations en matière de fonds propres, de liquidité, de coefficients de transformation, de concentration des risques... Ces règles sont, en principe, unifiées sur le plan international, dans la mesure où elles sont arrêtées par le Comité des Régulateurs dit « Comité de Bâle ».

• *Une surveillance efficace.* Les superviseurs nationaux (souvent dépendants des banques centrales quand ils ne relèvent pas des Trésors ou de corps autonomes) doivent s'assurer, au moyen notamment de vérifications sur place, que les règles sont bien appliquées par les établissements financiers. Leur rôle est vital pour prévenir les crises bancaires, détecter assez tôt des anomalies et mettre en œuvre, quand il en est encore temps, les mesures de redressement nécessaires.

• Le troisième dispositif devrait être le moins important : il s'agit de mettre en place, pour des montants limités (afin de contenir le risque d'imprudence tant des déposants – qui pourraient être alléchés par des taux d'intérêt excessifs – que des banquiers et donc celui d'aléa moral), *une assurance des dépôts de particuliers.*

Avant la crise de 2007-2008, les banques assuraient elles-mêmes les déposants contre les risques de défaut par le jeu d'un mécanisme de mutualisation auquel contribuait l'ensemble des établissements de chaque pays sur la base de leurs parts du total des dépôts.

Ainsi, en France, les déposants étaient assurés à hauteur de 70 000 euros par compte. C'est vers une limite de 100 000 euros que les pays de l'Union européenne tentaient de s'harmoniser, déjà avant l'éclatement de la crise. Et c'est ce montant qui a fini par prévaloir.

Dans les pays où le système de supervision et de contrôle des risques fonctionnait bien (comme en France, en Italie, au Canada…), il n'y a pas eu de faillites notables depuis des décennies. Quelques banques – comme le Crédit Lyonnais ou les banques scandinaves au début des années 1990 – ont, certes, connu de sérieuses difficultés, mais elles ont pu être recapitalisées ou rachetées (ou parfois liquidées) au prix de concours publics et de pertes en capital subies par les actionnaires. Cependant, ces épisodes ne se sont pas généralisés à l'ensemble du système financier, ni n'ont provoqué des fuites de déposants. La question de l'aléa moral ne se posait donc pas dans les mêmes termes qu'aujourd'hui. L'expression était, du reste, peu employée jusqu'aux années 1990.

Mais tout cela a profondément changé du fait de l'évolution du système bancaire depuis vingt ans. Un bref rappel de ces changements est indispensable pour comprendre la portée actuelle de l'aléa moral.

La portée de l'aléa moral

Comme on l'a montré dans les chapitres précédents, trois facteurs essentiels ont modifié en profondeur le système bancaire :

LE VOLUME DES TRANSACTIONS FINANCIÈRES S'EST ACCRU DE FAÇON SPECTACULAIRE

Sous l'influence de la libération des mouvements de capitaux (qui s'est généralisée au cours des années 1980) et des mutations technologiques, les activités financières ont littéralement explosé. Quelques exemples illustrent ce phénomène : à la veille de la crise, 40 % de tous les profits réalisés par l'ensemble des entreprises américaines provenaient des seules institutions financières. Ces 40 % sont évidemment très supérieurs à la valeur ajoutée par ces institutions ou à leur part de l'activité « réelle » dans le PIB américain (moins de 10 %). Mais la progression des transactions financières était, en grande partie, le résultat d'opérations de *trading* entre établissements (banques d'investissement, *hedge funds*…). Ces transactions, dont la finalité était de permettre à des « acteurs de marché » de prendre des positions, ont considérablement gonflé les bilans et le « hors-bilan » des établissements financiers, c'est-à-dire leurs risques sans, du reste, contribuer notablement à la croissance économique.

L'EFFET DE LEVIER DU SYSTÈME FINANCIER A CONSIDÉRABLEMENT AUGMENTÉ

La réglementation impose aux banques de détenir un pourcentage minimum de fonds propres par rapport aux risques courus. C'est ce qu'on appelle « le ratio de capital ». Mais nombre d'institutions sont parvenues avant la crise à échapper à cette règle (qui limite, par définition, l'effet de levier). À cette fin, elles ont recouru à diverses méthodes :

• La titrisation qui permet à une banque de transformer des prêts en « titres » vendus sur le marché à des investisseurs. On comprend, dès lors, que les contraintes du ratio de capital se soient desserrées pour les banques pratiquant la titrisation puisque les prêts en question ne figurent plus au bilan. Ce phénomène a pris un essor spectaculaire au cours des années précédant la crise. Un certain nombre de banques ont, à cet égard, adopté le modèle anglo-saxon dit : *Originate and Distribute* (ce qui signifie : « initier [des prêts] et les distribuer » aussitôt aux investisseurs par voie de titrisation).

• La création de « véhicules hors bilan » a également permis à de nombreuses banques de constituer des actifs non soumis à des règles aussi strictes que celles qui s'imposent aux opérations sur bilan.

• Enfin, le développement d'un « système bancaire parallèle » (*shadow banking system*) constitué de fonds divers a permis d'échapper aux règles de capital puisque ces fonds étaient soumis en pratique à de faibles contraintes réglementaires et de surveillance.

Au total, le système bancaire s'est massivement endetté (ainsi, aux États-Unis, la dette des institutions financières est passée de 1978 à 2008 de 16 % à 121 % du PIB).

L'ANALYSE ET LA GESTION DES RISQUES SE SONT DÉTÉRIORÉES

Dans le contexte de très bas taux d'intérêt entretenu par la Federal Reserve Bank des États-Unis pendant les années précédant la crise, l'incitation à prêter et à emprunter était grande. Et, plus grave encore, pour améliorer leurs performances (les rendements de bons du Trésor étant très faibles), investisseurs et gestionnaires de fonds étaient tentés de prendre des risques plus élevés, mais plus rémunérateurs. Nombre de banques ont donc accordé moins d'attention à la qualité des crédits qu'elles consentaient. Or on a vu que cette analyse du risque constitue l'élément central de la stabilité des banques et du système financier. Je m'empresse de dire que bon nombre de banques, notamment en France, en Italie, au Canada, en Australie… ne sont pas tombées dans ces erreurs.

Un des cas les plus caricaturaux de cette dégradation de la gestion du risque est celui du *subprime* aux États-Unis. Ces prêts hypothécaires étaient accordés à des particuliers modestes dont les revenus ne leur permettaient guère, en fait, d'honorer leurs échéances. Mais la titrisation permettait aux établissements qui s'étaient lancés dans cette activité de vendre, sur le marché, leurs créances sous forme de titres cotés au maximum (AAA) grâce à la complicité – et à l'incompétence – des agences de notation qui tiraient une partie essentielle de leurs revenus de l'activité de conseil qu'elles proposaient aux banques pour les aider à mettre au point et à noter de tels « titres ».

Au surplus, les établissements de crédit feignaient de croire que la hausse des prix de l'immobilier continuerait indéfiniment et sécuriserait ces types de prêts (grâce à l'accroissement de valeur des immeubles pris en gage).

Enfin, le système comptable (imposé par les États-Unis) de valorisation des actifs « aux prix du marché » amenait à gonfler la valeur des actifs – et donc des profits – dans la phase ascendante du cycle. On peut dire qu'il était procyclique.

Mais quand les prix de l'immobilier – qui avaient monté de façon inexplicable – ont commencé à baisser aux États-Unis en 2006-2007 et que les marchés se sont aperçus que les notes attribuées aux titres fondés sur les *subprimes* s'effondraient en conséquence, c'est l'ensemble des marchés de l'argent qui, par contagion, se sont brutalement taris. Cette situation, qui menaçait la liquidité et donc l'existence même d'une grande partie du système financier mondial (la vente des titres fondés sur les *subprimes* avait, en effet, franchi l'Atlantique) a posé sous un jour nouveau le problème de l'aléa moral.

Comme on ne pouvait laisser le système s'effondrer au risque de provoquer une dépression générale, les États et les banques centrales ont massivement soutenu les banques en difficulté. Ne peut-on penser que les nombreuses banques qui se sont laissé emporter par cette vague d'euphorie, de croissance débridée des crédits à tout prix, n'ont pas été, d'une certaine façon, encouragées dans leurs erreurs par l'existence d'un filet de sécurité, implicite certes, et non officiellement proclamé, mais dont la mise en place revêtait une très forte probabilité étant donné l'énormité des enjeux ? Je reviendrai dans ma conclusion sur cette question centrale et qui est loin d'avoir disparu.

Le coût extraordinaire de l'aléa moral en matière financière et les moyens de réduire ce phénomène

La dimension du problème

LES MONTANTS GLOBAUX DES RENFLOUEMENTS ENGAGÉS

Si l'on ajoute les aides de toute nature (liquidité, recapitalisation, garanties diverses...) engagées tant par les gouvernements que par les banques centrales pour éviter l'effondrement du système financier – et je précise que ces montants sont très loin d'avoir été utilisés en totalité mais, et c'est ce qui importe, ils ont été mis en place –, on arrive :
- pour l'Europe : à 3 900 milliards d'euros, soit environ 25 % du PIB européen ;
- pour les États-Unis : à 12 800 milliards de dollars, soit près de 75 % du PIB américain.

Ces montants – qui ne comprennent pas les plans de relance mis en place par ces États pour soutenir l'activité économique et qui ont profondément dégradé les finances publiques de nombreux pays – défient l'imagination. Jamais dans l'histoire n'a-t-on engagé tant de moyens publics pour réparer les aberrations (telles que je viens de les analyser) du système financier et éviter son effondrement.

LES PAYS LES PLUS AFFECTÉS

Comme on pouvait s'y attendre, ce sont les pays où les systèmes bancaires avaient adopté le modèle anglo-saxon et où la surveillance était la plus faible que les dégâts ont été les plus élevés. Il s'agit des États-Unis, de la Grande-Bretagne, de l'Allemagne, de la Suisse et de l'Irlande. Aux États-Unis, les garanties des dépôts se sont élevées à près de 2 900 milliards de dollars. De grandes banques, comme City, ont été largement soutenues par les participations publiques. Cela a été le cas aussi du Royaume-Uni où des banques comme Lloyds TSB et Royal Bank of Scotland ont été – et sont encore – en grande partie nationalisées.

Le cas irlandais, qui a défrayé la chronique, est caricatural : les bilans des principales banques irlandaises avaient fini par représenter, au total, plus de 10 fois le PIB irlandais. Les pertes subies par ces banques – pertes prises en charge par le gouvernement qui avait garanti en 2008 l'ensemble des dépôts ainsi que des crédits accordés à ces banques – se sont élevées à près de 25 milliards d'euros. Au total, les aides consenties aux banques irlandaises s'élèvent à 20 % du PIB ! Ce qui explique, avec la baisse de l'activité économique, que l'endettement public de ce pays soit passé de 90 à 120 % du PIB d'un seul coup, le plongeant ainsi dans la plus grave crise budgétaire qu'il ait jamais connue.

LA GÉNÉRALISATION DE LA GARANTIE DES DÉPÔTS

J'avais indiqué qu'en temps normal, les banques garantissaient les dépôts – pour des montants limités – grâce à un système de mutualisation des risques.

Mais cette crise a pris une telle ampleur que les systèmes de garanties organisés par les banques sont apparus totalement inadéquats. Les gouvernements ont donc cherché à rassurer les déposants en leur promettant une garantie *illimitée*. Le premier épisode de cette généralisation de la garantie des dépôts est lié à la crise de la banque britannique Northern Rock à l'automne 2007. Cette banque, spécialisée dans l'octroi de crédits hypothécaires, se finançait en grande partie par des emprunts à court terme. Lorsque les marchés de l'argent se sont brutalement asséchés mi-2007, à la suite de la prise de conscience du scandale des *subprimes*, Northern Rock n'a pas été à même de se refinancer. Les déposants l'ont vite compris et on a vu, à la télévision, de longues queues de clients venant retirer leurs fonds aux guichets de cette banque. Le spectre des faillites bancaires des années 1930 a soudain resurgi. Et le gouvernement de sa Majesté a déclaré, pour calmer les inquiétudes, que l'État garantissait *tous* les dépôts bancaires, quels que soient leur durée et leur montant.

Lorsque la crise s'est gravement amplifiée après la faillite de la banque d'investissement Lehman Brothers à l'automne 2008, l'ensemble des gouvernements des pays industrialisés a garanti les dépôts bancaires afin d'éviter que le choc « post-Lehman » ne se traduise par une panique générale et des retraits en chaîne.

Cette généralisation de la garantie des dépôts place donc sous un jour nouveau la question de l'aléa moral. Il ne s'agit plus désormais de la possibilité, éventuelle et non formellement explicitée, d'une garantie publique, mais de sa certitude.

Comment se posent, dans un tel contexte, le problème du comportement des banques et celui de l'élimination de l'aléa moral ?

Et d'abord, aurait-on pu faire autrement ?

J'ai évoqué plus haut les déviations qui ont fragilisé le système bancaire et ont permis la constitution d'une énorme bulle de crédit dont l'éclatement soudain a plongé le monde dans le désarroi et s'est traduit par une réduction sévère de la croissance et une montée très forte du chômage.

Aurait-on pu éviter cet enchaînement fatal ? La réponse est sans nul doute positive. D'abord, les autorités monétaires ont laissé s'instaurer pendant trop longtemps des taux d'intérêt trop faibles (voire nuls ou même négatifs après prise en compte de l'inflation). Comme je l'ai montré précédemment, la politique monétaire a puissamment contribué à la crise. Or elle aurait pu être différente. Son caractère asymétrique (très accommodante au moindre risque de ralentissement économique, à peine restrictive en cas d'emballement) a constitué une véritable invitation à l'aléa moral. En effet, la sanction des pertes en cas de récession était pratiquement éliminée par l'intervention des banques centrales.

De surcroît, la supervision bancaire s'est révélée étonnamment faible dans toute une série de pays – qui sont, sans surprise, ceux que la crise a le plus frappés. Les exemples de l'insuffisance de la supervision aux États-Unis, en Grande-Bretagne, en Allemagne, en Suisse, aux Pays-Bas, en Islande, en Irlande... surabondent. Songeons au fait que deux banques suisses s'étaient gonflées au point de représenter à elles deux 10 fois le PIB helvétique, sans même que les autorités ne s'en soient émues. Le cas de l'Irlande révèle aussi un aveuglement inimaginable de la surveillance.

En revanche, la qualité du contrôle bancaire était élevée dans des pays comme la France, l'Italie, l'Espagne et le Canada où aucun problème majeur ne s'est posé au niveau des grandes banques.

Mais, une fois la crise déclenchée, il eût été impossible de faire autrement que de la traiter avec des ressources publiques : la « connectivité » du système financier dans notre monde globalisé ne permettait pas de laisser faillir tel ou tel établissement particulièrement vulnérable : l'effet de contagion eût été désastreux (le cas de Lehman l'a, du reste, démontré).

Comment réduire l'aléa moral en matière financière pour l'avenir ?

Il résulte de l'analyse que je viens de présenter que, pour éviter le retour à de tels désastres et pour contenir l'aléa moral en matière financière – voire l'éliminer –, il convient d'agir sur divers leviers.

IL FAUT D'ABORD RELEVER LE NIVEAU DES FONDS PROPRES DES ÉTABLISSEMENTS ET ÉVITER LES DÉTOURNEMENTS PAR LES VÉHICULES HORS BILAN

Les règles de Bâle ont été aménagées et durcies en ce sens. L'idée centrale de cette réglementation est d'obliger les banques à constituer des fonds propres suffisants – et très largement supérieurs à ceux d'avant la crise[2] – ainsi qu'à renforcer leur liquidité. Le but est de réduire la probabilité des pertes et, le cas échéant, de pouvoir les absorber sans recourir à la faillite. C'est en quelque sorte la contrepartie de l'assurance des dépôts et un moyen de discipliner les banques qui seraient tentées de prendre trop de risques et d'abuser de l'aléa moral.

IL FAUT, ENSUITE, RENFORCER LA SUPERVISION SUR LE TERRAIN

J'ai indiqué que c'était, dans un certain nombre de pays, le maillon faible du système. En Europe, la création d'« autorités » bancaires communes en 2011 et le regroupement de la supervision bancaire au niveau de la BCE en 2014 devraient aboutir à relever à un niveau acceptable les standards de supervision les plus critiquables.

2. Les fonds propres des banques ont plus que doublé depuis la crise.

IL FAUT AUSSI QUE LES ÉTABLISSEMENTS SE PRÉPARENT À UNE FAILLITE ÉVENTUELLE, SI CELLE-CI S'AVÉRAIT INÉVITABLE, AU CAS OÙ LES MESURES PRÉVENTIVES AIENT ÉCHOUÉ

L'idée est de forcer les groupes bancaires à s'organiser, en régime de croisière, pour faire face à des problèmes possibles de solvabilité. On impose des plans de liquidation ou de cession d'actifs identifiés à l'avance, au besoin par une filialisation des activités. On a décidé aussi, en cas de liquidation, d'exiger des créanciers privés (porteurs d'obligations émises par les banques – et jusqu'ici épargnés grâce aux aides publiques) qu'ils participent aux renflouements en convertissant leurs crédits en capital (le *bailing in*). De même devra-t-on, dans un avenir plus lointain, bénéficier de mécanismes de garantie limitée des dépôts.

De la sorte, les pouvoirs publics auraient en grande partie transféré la charge du traitement des crises sur les actionnaires et les créanciers privés, ce qui réduirait, par définition, l'aléa moral. La perspective d'avoir, le cas échéant, à contribuer au financement des pertes bancaires devrait rendre les créanciers plus prudents et les inciter à augmenter le prix de leurs concours aux banques (la réduction de l'aléa moral a toujours un coût). Ce système de « résolution » des crises, pour être efficace, devra être harmonisé au plan international car les grands groupes bancaires sont transfrontaliers. Cela s'avère très complexe étant donné, notamment, le caractère national des lois sur la faillite.

En Europe, le problème est particulièrement aigu : si l'on a fédéré à l'échelon européen la surveillance bancaire, on est encore loin d'avoir réussi à mettre en œuvre un système de résolution et de liquidation paneuropéen. Cela constitue un frein à l'intégration des marchés bancaires européens qui restent très fragmentés.

ENFIN, LES INCITATIONS À UNE MEILLEURE « GOUVERNANCE » DES BANQUES DOIVENT ÊTRE RENFORCÉES

La responsabilisation des dirigeants, l'obligation de détenir au bilan un pourcentage minimum de produits titrisés, l'aménagement des rémunérations et des bonus de façon à ne pas favoriser la recherche, à tout prix, de gains immédiats..., tels sont les grands axes sur lesquels le G20 et les régulateurs se sont efforcés de réduire l'aléa moral. On a même retenu l'idée d'identifier, à l'avance, les banques les plus importantes du point de vue « systémique » et de leur imposer des contraintes supplémentaires en capital. Mais l'erreur est de définir les banques systémiques – comme l'ont souhaité les États-Unis – essentiellement en fonction de leur taille (« too big to fail »). En effet, le vrai problème réside plus dans la qualité des actifs et le caractère plus ou moins risqué des activités que dans la taille de bilan.

*

En conclusion, j'exprimerai deux idées :

- Il faut que la surveillance des établissements soit effective et réelle et s'étende au secteur parallèle. Pour cela, les superviseurs devront être armés, disposer des moyens humains nécessaires et recourir à des recrutements adéquats.

• Enfin, n'oublions pas que la crise est née d'une extraordinaire propension des autorités à ne voir que le très court terme et à négliger les risques globaux (bulles…) posés par le fonctionnement du système lui-même. Il convient donc de disposer de Conseils du risque systémique (tel celui – malheureusement très imparfait – qui a été institué en Europe auprès de la BCE) pour analyser les risques au niveau macroéconomique et formuler assez tôt les recommandations qui s'imposent (y compris en matière de politique monétaire et de réglementation). Or les résultats pratiques de cet effort restent modestes et décevants.

*

Mais revenons pour un instant à la théorie. Ce que nous avons observé n'est pas la manifestation du comportement déviant de quelques acteurs (« les cavaliers libres » ou *free riders* dont parle Arrow) qui chercheraient cyniquement à abuser des mécanismes d'assurances.

Le phénomène est, en effet, beaucoup plus large et complexe. C'est d'une très grande partie du système bancaire qu'il s'agit. Les responsables ont cherché à profiter au maximum des gains que l'innovation financière leur permettait de réaliser. Leurs comportements ont été grégaires et reposaient souvent sur des illusions (comme celle de la dispersion des risques grâce à la titrisation ou celle d'un accès permanent à la liquidité des marchés à court terme...). Mais ces comportements eux-mêmes étaient en grande partie encouragés par les autorités publiques. Ainsi, comme on l'a vu, le Congrès des États-Unis, pour des raisons politiques, a puissamment incité les banques à consentir des prêts *subprimes*. Quant aux règles comptables, elles ont exacerbé les comportements les plus risqués, en phase ascendante du cycle. De plus, la faiblesse de la surveillance donnait le sentiment aux opérateurs que leurs activités étaient acceptables, sans parler de la politique monétaire qui encourageait la création de bulles de crédit.

L'aléa moral est donc le produit non seulement de comportements individuels qui, heureusement, n'ont pas été universels, nombre de banques ayant su raison garder, mais aussi de la conjonction de facteurs politiques et réglementaires. Le système – tel qu'il a évolué – a, en fait, favorisé les stratégies risquées assises sur une intime conviction d'invulnérabilité. C'est donc moins le cynisme déviant de certains agents qui est en cause que l'environnement institutionnel général. Chacun se disait qu'en cas de crise, le sentiment d'« ambiguïté constructive » entretenu par les autorités sur leur attitude en cas de crise, deviendrait, le jour venu, une véritable garantie « en dernier ressort ». Par un curieux paradoxe, le cadre réglementaire qui devait, dans la théorie d'Arrow, diminuer les risques a contribué à la diffusion de l'aléa moral.

Le jeu était inégal. Les grandes banques disposaient d'un accès aisé à la liquidité des banques centrales et, vu l'ampleur du désastre social que pourrait créer une faillite, d'une quasi-garantie publique de survie quoi qu'il arrive. La rente dérivée de cette garantie de fait n'était pas facturée aux banques : elle constituait une source de profits considérable.
D'où l'importance de revisiter ce cadre réglementaire, de ne plus laisser croire à la fatalité des renflouements publics, de revenir à des concepts simples sur la gestion des risques, de responsabiliser les créanciers des banques et, pour les banques centrales, de recommencer à s'occuper de la stabilité financière.

*

Alors, pourrait-on espérer vivre dans un monde où l'on n'entendrait plus le P-DG d'une des plus grandes banques américaines dire publiquement quelques semaines avant l'éclatement de la crise : « Tant que va la musique, il faut continuer à danser. » Cette banque a été l'une de celles qui ont reçu des concours considérables du contribuable américain. Le dirigeant a certes perdu son poste, mais il a été, avec ses collaborateurs – largement dotés de rémunérations variables – un des grands bénéficiaires de l'aléa moral et du principe – que je souhaite révolu – selon lequel « si les profits restent privés, les pertes sont nationalisées ».

*

On peut donc se féliciter de la mise en œuvre rapide de certaines réformes nécessaires. Il est essentiel qu'elles soient appliquées de façon homogène au plan international.

Nous n'avons pas d'autre choix.

En effet, je ne pense pas que nos démocraties soient en mesure – financièrement et politiquement – de mettre en œuvre à l'avenir un nouveau renflouement du système financier tel que celui que nous avons connu il y a dix ans.

Mais on peut déplorer que les États et les autorités monétaires aient si peu avancé sur le terrain – pourtant primordial – de la prévention des crises, et d'une véritable surveillance macroéconomique et financière des marchés.

En fin de compte, ce qui semble étrange, c'est la nature de la réaction de « l'opinion éclairée » face aux renflouements massifs dont l'ampleur – comme on l'a vu – défie l'entendement[3]. Au lieu de centrer une bonne partie de la réprobation sur les causes de la crise – à savoir les bas taux d'intérêt et les bulles d'endettement –, la critique s'est focalisée presqu'exclusivement sur l'imprudence – du reste souvent réelle – des banques.

C'est ainsi que fonctionne parfois le « consensus » : les facteurs sous-jacents sont délaissés au profit des symptômes et du sensationnel[4].

3. Rappelons que les autorités américaines ont accordé 180 milliards de dollars à AIG (la plus grande compagnie d'assurances), ce qui a évité la chute – par contagion – des plus grandes banques internationales qui avaient des expositions massives auprès d'AIG au titre de contrats de couverture de risques.

4. Jacques de Larosière, « Towards a new framework for Monetary Policy », *Central Banking Londres*, 3 février 2010. Tom Baker, *On the Genealogy of Moral Hazard*, Penn Law (University of Pennsylvania Law School), 1996.

Préjugé 6
« L'endettement public ne constitue pas un problème majeur »

CHAPITRE VI

Les déficits et l'endettement publics : une question qui fâche…

Commençons par un bref et cursif rappel historique.

Dans le passé, on a connu des épisodes de très fortes poussées de la dette publique. Ainsi, on a pu observer, en France, un rapport dette publique sur PIB de[1] :
- 170 % en 1929-1930 ;
- 200 % en 1940-1945.

Ces poussées ont été le fait d'événements exceptionnels :
- la Grande Dépression de 1929 ;
- les guerres.

Mais les périodes de croissance économique prolongée (comme au XIXe siècle jusqu'en 1870 ou pendant les Trente Glorieuses des années 1950 à 1970) ont en général été caractérisées par des ratios de dette modérés, de l'ordre de 40 % ou inférieurs.

1. Chiffres CEPII.

*

De ce rappel, on peut tirer plusieurs enseignements.

• En période de croissance forte et relativement continue, la dette publique tend à se modérer (en d'autres termes : « On n'a pas besoin de recourir à la dette publique pour nourrir le développement économique » ou encore, si l'on préfère, « La croissance économique – qui influence positivement le dénominateur du ratio – est le meilleur moyen de contenir le poids de l'endettement public »).

• Les très fortes poussées de la dette publique sont, en général, le résultat :

- d'événements exceptionnels (guerres, crises, chocs pétroliers...) ;
- de la poursuite pendant longtemps d'une politique budgétaire ultra-expansionniste (voir Amérique latine au cours des années 1970 ou la Grèce depuis les années 2000, ou la France après la crise de 2007-2008).

• La sortie de situations de surendettement est payée par les citoyens et notamment par les classes moyennes, les épargnants, les ménages modestes à revenus fixes.

Les sorties de crises d'endettement ont toujours été, de fait, payées par les citoyens, et souvent à un prix très élevé. Ainsi :

- les détenteurs de bons d'État qui avaient fait confiance aux gouvernements ont vu leurs créances amputées des deux tiers (par l'opération

du « tiers consolidé » qui a suivi la Révolution française sous le Directoire) ;
- l'inflation a été le moyen le plus fréquemment utilisé pour réduire le coût de la dette : on repaie la dette, mais en monnaie dépréciée et les épargnants sont ruinés ;
- la dévaluation de la monnaie accompagne en général ces dérives inflationnistes et contribue à l'appauvrissement général des pays ;
- aujourd'hui, les banques centrales ayant du mal à faire repartir l'inflation (en raison de facteurs structurels profonds) s'emploient à « réprimer » l'épargne en faisant tomber les taux d'intérêt à zéro – voire à des montants négatifs – dans l'espoir d'inciter les épargnants à consommer davantage.

*

Il existe peu de problèmes qui donnent lieu aujourd'hui à autant de polémiques : pour nombre d'économistes, la croissance de l'endettement public est, par principe, acceptable et ses effets doivent être « dédramatisés[2] ».

L'endettement procède, en effet, en grande partie d'une politique active en matière de dépenses publiques, laquelle, pense-t-on, ne peut que favoriser la croissance économique et l'emploi, tant qu'il existe des capacités de production inemployées. Toute tentative de modérer

2. Voir, par exemple, Tinel B., *Dette publique : sortir du catastrophisme*, Raisons d'agir, 2016.

l'augmentation de la dépense publique est, par conséquent, stigmatisée comme une manifestation d'austérité, d'orthodoxie néolibérale favorisant les créanciers au détriment des chômeurs et des travailleurs.

En réalité, il apparaît que le débat actuel sur cette question est obscurci par l'existence de strates doctrinales successives qui ont elles-mêmes été le produit de conceptions très différentes concernant la question fondamentale : « Quel devrait être le rôle de l'État dans nos sociétés ? »

Après de longs siècles pendant lesquels l'État régalien avait essentiellement limité son emprise aux affaires de la guerre, de la diplomatie, de la justice et de la police, on vit s'instaurer, à partir de la fin du XIXe siècle, un mouvement quasi général vers l'accroissement du rôle de l'État dans l'économie.

Avec les effets de la Révolution industrielle, certains dirigeants – à commencer par Bismarck –, certains partis politiques et les syndicats, ont soutenu que l'État devait protéger les citoyens victimes des changements sociaux nés des conditions de vie qui leur étaient imposées par les progrès technologiques. Ce fut le début des réglementations sociales et du financement mutualisé de l'assurance des risques de la personne. L'État providence était né.

Après les années de conservatisme qui aggravèrent la Grande Dépression, vint la Révolution keynésienne qui donna ses lettres de noblesse et son fondement théorique aux programmes gouvernementaux de relance de la demande par la dépense publique. L'ère de la politique contracyclique était née : elle devait régner sans conteste pendant un demi-siècle. Elle mit fin à la doctrine du « laisser-faire » qui avait prospéré avant la Première Guerre mondiale et jusqu'aux années 1920.

*

Mais le monde changeait et, à partir des années 1980, sous l'influence de Margaret Thatcher et de Ronald Reagan, avec le soutien des économistes adeptes de la politique de l'offre (*supply side*) et sous l'inspiration de l'École autrichienne de Friedrich Hayek, un certain retour au laisser-faire se manifesta. Ce fut l'époque d'Alan Greenspan et de sa croyance dans l'efficience des marchés. On en venait à professer que les marchés donneraient des résultats optimaux pour peu qu'on les laisse faire. Ce fut l'élaboration du « Consensus de Washington » qui se fondait sur la rationalité des acteurs économiques, la capacité des marchés à s'autoéquilibrer ainsi que sur les vertus d'un système financier libéré de l'essentiel de ses réglementations passées.

Cette phase de déréglementation – quasi « libertaire » – s'accompagna, surtout dans les pays anglo-saxons, de fortes réductions des taux d'imposition directe.

Aux États-Unis, le taux marginal de l'impôt sur le revenu passa de 91 % (1950-1963) à 70 % (1965-1980) pour descendre, avec Reagan, à 50 % d'abord (1981), puis à 28 % (1986).

Ainsi, les impôts directs s'allégeaient. Mais, curieusement, ces gouvernements anti-interventionnistes ne parvenaient pas à réduire sensiblement les dépenses publiques.

Deux conséquences s'ensuivirent :

- les inégalités s'accroissaient, en particulier parce que c'étaient les plus riches qui bénéficiaient de la baisse des taux marginaux[3] ;
- les déficits publics persistaient et l'endettement continuait à progresser (voir tableau ci-dessous).

États-Unis	1980	Endettement public	40 % du PIB
	2010	"	80 % du PIB
	2016	"	environ 100 % du PIB
Allemagne	1980	Endettement public	40 % du PIB
	2010	"	80 % du PIB
	2016	"	68 % du PIB

On voit donc que l'endettement public n'a pas « bénéficié » de cette période de retour au laisser-faire. L'inertie des dépenses publiques explique en partie ce phénomène, aggravé par la baisse des impôts directs,

3. En Europe continentale, les taux marginaux d'impôts directs ne furent guère significativement réduits. De ce fait, les inégalités restèrent limitées. Si on prend le revenu moyen de la tranche représentant les 0,01 % des ménages les plus riches des États-Unis et qu'on cherche à le comparer au revenu moyen des 90 %, il faudrait appliquer aujourd'hui à ce dernier revenu moyen un multiplicateur de 1 100 pour atteindre les revenus les plus élevés.
Pour donner une perspective historique, on peut noter qu'en 1929 le multiplicateur était de 900, soit à un chiffre proche de celui d'aujourd'hui. Les inégalités ont ensuite beaucoup décru avec la Seconde Guerre mondiale et les trente années d'après-guerre. En 1980, point bas des inégalités, le multiplicateur était descendu à 200. Il a plus que quintuplé depuis, pour atteindre des niveaux sans précédent. Présentés de manière plus classique, les chiffres sont aussi éloquents : le segment de la population (1 %) disposant des plus hauts revenus aux États-Unis a vu doubler sa part dans le revenu total depuis 1980 (de 10 % à 20 %) alors qu'en Europe cette part est « seulement » passée de 10 à 13 %. L'explication de cette montée des inégalités aux États-Unis tient à de multiples phénomènes et, en particulier, à la baisse du taux marginal des impôts sur le revenu ainsi qu'aux inégalités sociales du système éducatif.

la modération de la croissance et l'augmentation du chômage (et donc du coût de son indemnisation).

Avec les programmes de relance mis en œuvre après la crise de 2007-2008, la progression de la dette publique continuait et s'intensifiait pour atteindre désormais des niveaux souvent proches de 100 % chez les pays développés.

C'est ici qu'il faut rappeler certains éléments déterminants. Ils ont été sous-estimés, ce qui a faussé le jugement collectif. Rappelons-les même s'ils dérangent.

• À partir d'un certain niveau (de l'ordre de 80 à 90 % du PIB), la montée de la dette publique conduit à nombre d'inconvénients – et notamment à des crises – qui jouent contre la croissance (voir les travaux de Minsky et Rogoff) ; je reviendrai plus loin sur ce point.

• Les dettes publiques d'un certain nombre d'États – notamment en Europe – ne sont aujourd'hui « gérables » que parce que nous connaissons une forte baisse des taux d'intérêt qui s'explique par la politique monétaire exceptionnellement accommodante des dernières années. De ce point de vue, on peut observer que la politique monétaire a pris le relais de la politique budgétaire.

• Cependant, malgré cette situation, l'endettement public d'un pays comme la France entraîne encore une charge du service annuel des intérêts de l'ordre de 40 milliards d'euros (soit près de 2 % du PIB). Qu'en sera-t-il quand les taux remonteront ?

• Il ne faut jamais oublier l'enseignement du théorème de Harrod-Domar : « Lorsque les taux d'intérêt de la dette publique dépassent le taux nominal de croissance d'un pays, sa dette croît à l'infini. »

• Dans une économie ouverte à la concurrence internationale, le fait, pour un pays comme la France, d'avoir une dette publique très supérieure à celle de ses voisins et concurrents nuit à sa compétitivité. La hausse de la dépense publique – à l'origine de celle de la dette – entraîne, inévitablement, une forte pression fiscale, et réduit la croissance potentielle.

> On estime que la France connaît, en termes de PIB, des prélèvements obligatoires de 44-45 % contre 36 % en Allemagne. Cet écart est un des éléments essentiels à la source de la sous-compétitivité de nos entreprises.

• À moins d'une exceptionnelle reprise de la croissance, et compte tenu de l'impossibilité d'accroître encore davantage les prélèvements, la seule manière de procéder pour commencer à contenir la dette publique est de réduire la dépense. En France, la dépense publique a atteint en 2017 56 % du PIB, chiffre à comparer avec la moyenne européenne de 49,5 %.

Cet écart ne saurait être considéré comme anodin, dans la mesure où il est, au contraire, un déterminant essentiel de notre compétitivité. L'objectif est donc de le réduire. Ce devrait être un élément primordial de notre politique économique.

• Rien ne permet d'affirmer que les 5 à 7 points de PIB de dépenses publiques françaises excédant la moyenne européenne sont indispensables et intouchables. On sait – la Cour des comptes le rappelle sans cesse – qu'il y a des inefficacités importantes dans l'exercice des missions administratives et qu'elles peuvent – et doivent – être corrigées.

Le fait que l'État dispose du « privilège fiscal » ne saurait justifier les abus constatés dans la gestion des ressources publiques.

Ni les citoyens, ni le simple bon sens ne l'admettraient. Or l'examen détaillé et comparatif des grandes fonctions budgétaires qui sont à l'origine de nos surcoûts (retraites, santé, interventions économiques, logements, collectivités territoriales...) montre qu'en cinq ans ces dépenses pourraient être ramenées à un étiage raisonnable (même si le plein impact des économies réalisées devrait s'étaler dans le temps).

Je rappelle ici une des observations, particulièrement choquante, du rapport Pébereau sur la dette publique française : la décentralisation ne s'est pas effectuée à dépenses inchangées : les échelons supérieurs (qui perdaient pourtant leurs attributions au profit d'organes décentralisés) ont conservé une partie importante de leurs coûts antérieurs. Le résultat se traduisant par une nouvelle augmentation de la dépense publique.

• L'objectif d'une politique de restauration de nos finances publiques n'est pas de réduire les déficits et l'endettement « pour le principe », mais de retrouver un niveau de dépenses et donc de prélèvements obligatoires qui permette à la production (et à l'emploi) de repartir.

Il y a des cas où les obstacles structurels à la croissance sont tels que les réformes de fond l'emportent en efficacité sur des interventions conjoncturelles.

• Au total, depuis près de quarante ans, chaque fois que la France a eu à faire face à des difficultés résultant d'évolutions structurelles inéluctables (vieillissement de la population, coût du travail – devenu incompatible avec les impératifs de la concurrence –, hausse du chômage, crises pétrolières...) elle a, en règle générale, recouru à une augmentation des dépenses publiques de préférence à des réformes structurelles.

Depuis les années 1970, le poids des dépenses publiques a augmenté en France de plus de 40 % en termes réels. Le graphique VI.1 illustre le caractère fallacieux des affirmations de ceux qui soutiennent que nous souffrons d'une excessive « austérité » en matière de dépenses publiques.

Graphique VI.1. Les dépenses publiques en France (en % du PIB valeur)

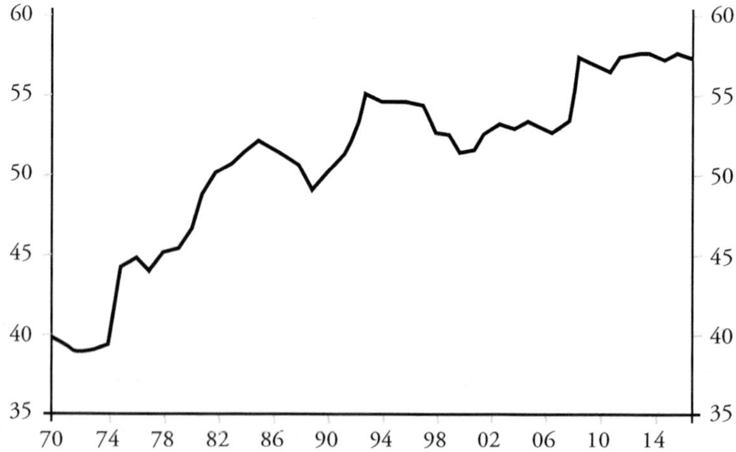

Source : Datastream Natixis.

La vérité – que nous n'aimons pas regarder en face – c'est que la France détient le record mondial de la dépense publique (les chiffres de l'OCDE pour 2016 nous placent en tête de liste, avant la Finlande).

La vérité, c'est que les efforts entrepris depuis quelques années, s'ils ont légèrement modéré la pente ascendante de la dépense publique, ne se sont traduits par aucune réduction : la dépense continue d'augmenter.

La vérité, c'est que notre addiction à la dépense publique ne nous procure aucun avantage en matière de croissance, d'emploi et de richesse par habitant : sur tous ces critères, la France est devancée par des pays comme l'Allemagne, l'Autriche, le Canada, le Danemark, la Finlande, l'Australie, le Royaume-Uni, Singapour… qui sont beaucoup plus sobres en matière de dépenses publiques.

Il est résulté de cette préférence pour la dépense publique :

– que les problèmes de fond n'ont pas été traités ;
– alors que nos finances publiques se sont gravement détériorées.

Jusqu'à récemment, ces hausses de dépenses publiques ont entraîné une augmentation de la pression fiscale à des niveaux très supérieurs à ceux de nos voisins, et donc incompatibles (à long terme) avec le fonctionnement normal d'une zone monétaire unifiée.

Pour financer cette hausse continuelle des dépenses publiques, il y a eu, depuis 1970, une hausse considérable de la pression fiscale, avec les distorsions et les coûts induits que comporte cette évolution. Depuis quarante ans, la pression fiscale en France a augmenté de près de 25 % en termes réels (graphique VI.2).

Graphique VI.2. Pression fiscale en France (en % du PIB valeur)

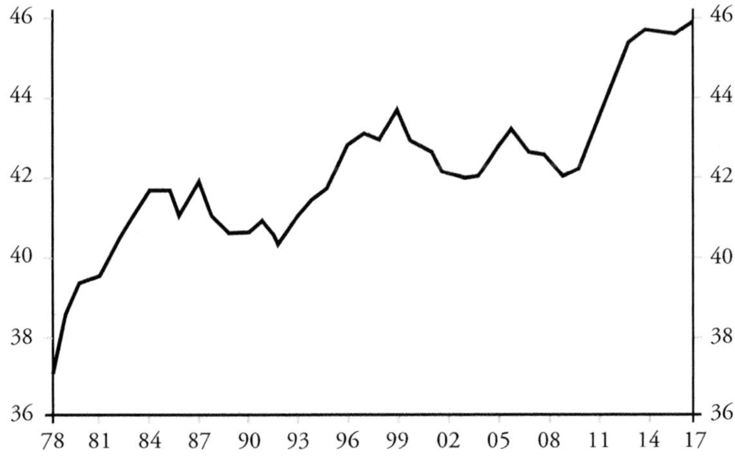

Source : Natixis (Patrick Artus).

Il faut donc arrêter ce processus infernal, avoir le courage de regarder la réalité en face, et commencer à stabiliser la dette publique en s'adressant en profondeur aux vrais problèmes. C'est une tâche possible que nombre de pays démocratiques (Suède, Finlande, Canada, Royaume-Uni…) ont assurée avec succès en quelques années. Rien ne permet d'avancer que cette tâche est hors de notre portée[4].

4. En retenant des hypothèses réalistes – encore que prudentes – de taux d'intérêt et de croissance (celles des données observées entre 1997 et 2017), il suffirait, dans un premier temps, de réaliser un excédent primaire (calculé sans compter le coût des intérêts) de 0,5 % du PIB pour commencer à stabiliser notre dette publique (ce qui conduirait, à prélèvements obligatoires inchangés, à un ratio de dépenses publiques de 54,4 % du PIB au lieu des 56,4 % d'aujourd'hui). L'effort est plus que réalisable, mais devrait être poussé plus loin.

À ce point du raisonnement, une question et une observation peuvent être formulées.

Était-il justifié de recourir au déficit public pour financer les crises pétrolières ?

Selon une vue, largement partagée à l'époque chez les économistes, il convenait de lutter contre les effets nocifs résultant de la hausse des prix des hydrocarbures, en s'engageant dans une politique « contracyclique » d'inspiration keynésienne.

Or cette solution – qui revenait à répondre aux crises de 1973 et 1979 par une augmentation de la dépense publique – était loin d'être évidente, surtout si elle était poussée trop loin. La hausse du prix du pétrole agissait comme une taxe et se traduisait par un appauvrissement des populations des pays dont les importations d'énergie étaient considérablement renchéries.

Comment la hausse des dépenses publiques pouvait-elle remédier durablement à cet appauvrissement ? N'allait-elle pas se traduire plutôt par une augmentation de l'inflation ?

De fait, les pays qui se sont lancés après 1974 dans cette politique ont trouvé au bout du chemin davantage d'inflation et de dette publique mais pas la reprise, désirée, de l'activité économique et de l'emploi.

C'est que les vraies réponses à ce problème n'étaient pas du ressort de la stimulation à court terme de la demande (de la consommation) mais dépendaient de mesures structurelles tendant à ajuster l'économie à la situation nouvelle (économies d'énergie, incitations en faveur de la mise en œuvre d'énergies renouvelables...). La hausse du prix du pétrole n'aurait pas dû être « compensée » – même partiellement – par une baisse de la fiscalité pétrolière et donc, en fait, par des subventions à la consommation, mais être utilisée comme une incitation à modifier la donne en profondeur en favorisant l'investissement dans des modèles énergétiques moins dépendants des hydrocarbures.

Interventionnisme ou laisser-faire ?

Le débat ne devrait pas être – comme il l'est trop souvent – d'ordre religieux, la foi dans les bienfaits de l'interventionnisme keynésien s'affrontant à la religion du laisser-faire et des partisans de « moins d'État ».

Il devrait, à mon sens, être plus pragmatique.

En période de récession conjoncturelle, il peut être justifié d'accroître la demande par l'arme budgétaire. Cette politique a porté ses fruits dans le passé et ne saurait être rejetée[5]. Mais l'accumulation – indéfinie – de la dépense et de la dette publiques n'est pas une solution, encore moins en période de bonne conjoncture. La dépense publique joue ici un rôle clé.

5. L'existence d'un système de protection sociale inchangé en période de basse conjoncture et de chômage provoque déjà une détérioration de l'équilibre budgétaire et un effet de « stabilisation automatique ». Cet effet peut être accentué par le jeu d'une politique anticyclique plus active.

La laisser augmenter année après année comme nous le faisons depuis des décennies entraîne des inconvénients réels :

– l'accroissement du coût du service de la dette (en période de politique monétaire « normale ») ;
– l'effet d'éviction d'autres dépenses plus utiles à la croissance économique, mais qui sont différées ou écartées par la nécessité de donner priorité à l'État sur le marché financier pour « boucler » le budget.

*

Force est de constater que, *sur les dix-neuf derniers exercices (1998 à 2017), les dépenses publiques ont augmenté chaque année sans exception*, passant de 733 milliards en 1999 à 1 292 milliards en 2017, marquant, en termes de niveau de PIB, une hausse de 52,1 à 56 %. Curieuse manière de concevoir l'ajustement de nos finances publiques !

En 2017, dernière année connue, on observe une légère baisse de notre déficit public : 2,7 % du PIB (contre – 3,4 % en 2016). Mais cette réduction est presque entièrement due à l'amélioration de la croissance et non à un effort structurel d'économies.

En fait, les dépenses publiques ont *augmenté* de 2,5 % en termes nominaux en 2017 – contre 1 % en 2016 – (et de 1,3 % en termes réels). En pourcentage du PIB, elles sont passées de 56,4 à 56 %, le dénominateur du ratio bénéficiant de la conjoncture favorable[6]. Il va sans

6. On a pu calculer que, si la croissance avait été nulle en 2017, le niveau de la dépense publique aurait avoisiné 58 % du PIB.

dire que la permanence d'un déficit proche de 3 % du PIB ne permet pas d'engager le processus de la baisse de la dette publique française, qui est proche de 100 % du PIB et qui continue de s'accroître.

Il résulte de cette incapacité à *réduire* nos dépenses publiques que les taux de prélèvements obligatoires restent au niveau de 45 % du PIB (niveau beaucoup plus élevé que celui de la moyenne européenne et donc incompatible avec les impératifs de compétitivité qu'impose l'ouverture de notre commerce extérieur).

Le projet de budget pour 2019 ne marque pas une volonté stratégique – pourtant indispensable –, consistant à réduire significativement une dépense publique toujours hypertrophiée. On comprend que le Haut Conseil des Finances publiques ait souligné l'insuffisance de l'effort structurel d'assainissement et les inconvénients de trop compter sur la conjoncture pour améliorer une situation dont la gravité exige un véritable engagement national.

*

Même si ces arguments ne convainquent pas les croyants dans un déficit indéfini, un point me paraît difficile à contester :

Si, après des décennies de déficits et une dette publique atteignant aujourd'hui près de 100 % du PIB, un pays comme la France demeure avec une croissance faible et près de 10 % de chômage (alors que d'autres pays

– qui n'ont pas recouru à la hausse systématique de la dépense publique – combinent plein-emploi et discipline budgétaire), c'est que le schéma de base n'a pas fonctionné et que la médication doit changer.

En effet, le « multiplicateur keynésien » (selon lequel toute dépense budgétaire additionnelle produit un effet d'entraînement et de démultiplication du revenu et donc de la demande) connaît des limites, surtout en économie ouverte.

En fait, une fraction seulement des revenus additionnels distribués est consommée à partir de la production nationale. Le reste est épargné ou importé (ce sont les « fuites » du mécanisme).

Il peut arriver – comme c'est le cas de la France désindustrialisée aujourd'hui – que, pour des raisons structurelles (insuffisance des marges bénéficiaires des entreprises – surchargées de fiscalité et de contributions sociales entraînant un déficit d'investissements et donc une faiblesse de l'offre), le surcroît des revenus distribués génère surtout une croissance des importations.

C'est ce qu'on a constaté par exemple à la suite de la forte baisse des prix du pétrole en 2015-2016. Le surcroît de demande résultant de cette baisse a été en très grande partie importé et c'est donc la production étrangère qui en a bénéficié.

Si c'est l'appareil productif qui s'affaiblit et se dérobe – surtout dans le secteur industriel, le plus exposé à la concurrence – et s'il n'est plus capable de répondre à un surcroît de demande, comme on l'a vu en 2015-2016, alors c'est que le remède doit changer : il ne relève pas de la stimulation de la demande intérieure, qui se traduit aussitôt par une détérioration de la balance commerciale au profit de nos concurrents. Il relève de mesures structurelles : réduction des charges pesant sur les entreprises, discipline budgétaire, formation professionnelle, éducation...

Ces sujets devraient donc être traités sans *a priori* ni excès.

Keynes, lui-même, était loin d'entretenir des vues extrêmes sur l'activisme fiscal. Rappelons qu'au milieu des années 1940, le célèbre économiste avait donné son accord – dans une lettre à Colin Clark – pour limiter à 25 % du PIB le montant des taxes et prélèvements obligatoires[7]. Il faut remarquer, à cet égard, que les États-Unis ont fini par atteindre cet étiage (tout en s'endettant massivement) alors que la plupart des autres pays ont aujourd'hui des taux de prélèvements très supérieurs au « plafond » souhaité par Keynes (France : 45 % ; Allemagne : 36 %).

Les travaux de Reinhart et Rogoff (2010-2012) postulent l'existence d'un « effet de seuil » : lorsque l'endettement public d'un pays dépasse 90 % de son PIB, les chiffres de sa croissance accuseraient une détérioration manifeste. Mais si d'autres auteurs (Abbas *et al.*) contestent en partie ces conclusions, il n'en reste pas moins qu'en recourant à une autre méthodologie :

– ils confirment que le lien entre fort endettement et faible croissance est bien vérifié (+ 2 % en moyenne

7. Voir Tanzi V., *Termites of the State. Why Complexity Leads to Inequality*, Cambridge University Press, 2017.

de croissance supplémentaire pour les pays ayant une dette publique de moins de 90 %, par rapport aux pays dont cet endettement dépasse 90 %, et cela sur un vaste échantillon de pays avancés depuis 1875), mais, d'après eux, ce lien ne se vérifie complètement que sur un horizon d'un an ; après quoi il tend à s'estomper graduellement ;

– *ils montrent qu'une trajectoire d'endettement public orientée à la baisse s'accompagne de taux de croissance nettement plus élevés que lorsque la dette est orientée à la hausse*[8].

D'une manière générale, les tenants de la stimulation de la demande par une hausse de la dépense publique tendent à se focaliser de manière statique sur le multiplicateur keynésien sans tenir compte de la montée de l'endettement qui, au bout d'un certain moment, limite inévitablement la liberté de recourir à des déficits budgétaires.

Keynes a conçu la politique de stimulation économique par la demande comme une arme contracyclique. Mais il n'a jamais préconisé une hausse ininterrompue de la dépense publique et de l'endettement.

Je me suis centré, dans ce chapitre, sur la dette publique. Mais il faudrait souligner – et cela renforcerait l'argumentation développée – qu'en plus de la croissance de la dette publique, on a assisté en France à une très forte augmentation de la dette privée des sociétés non financières. Celle-ci a atteint 147 % du PIB en 2016.

---

8. Voir Pescatori A., Sandri D. et Simon J., « Pas de seuil magique », *Finances et Développement*, juin 2014, p. 39-42, qui analysent les travaux d'Abbas *et al.*

De fait, cette dette privée a continué à croître tout au long de la crise et des années qui l'ont suivie. Elle a atteint en France un record historique en 2016-2017.

Or la combinaison du haut niveau d'endettement des entreprises françaises et de la faiblesse persistante de leur rentabilité est une source potentielle de problèmes.

Au total, on peut observer que la facilité de s'endetter a été un facteur essentiel derrière la crise et la grande récession qui l'a suivie.

Le graphique VI.3 illustre mon propos : comment l'instabilité macroéconomique, due à la croissance anormale du crédit, a ravagé le monde.

Graphique VI.3. Indicateurs américains de la stabilité macroéconomique et financière

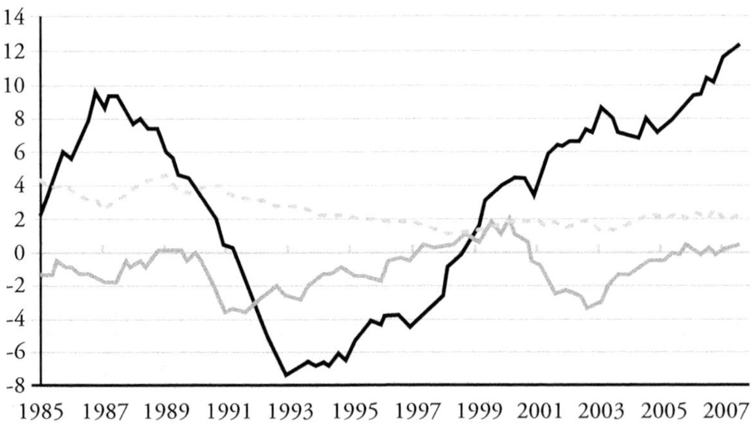

Source : Caixa Bank Research, Rapport mensuel 11, *novembre 2017.*

Où l'on voit que la croissance anormale du crédit (courbe ascendante qui montre l'écart de l'évolution du crédit par rapport à la croissance potentielle) a contribué à précipiter la crise, alors que l'inflation et la croissance demeuraient stables.

On y voit que c'est la montée du crédit, constamment supérieure à la croissance potentielle et au rythme de l'activité économique depuis le début des années 1990, qui a été le facteur déterminant derrière la crise. Alors que l'inflation et la croissance s'avéraient stables, la poussée du crédit, et donc de l'endettement, pendant quinze ans a fragilisé les marchés financiers et créé une instabilité fatale.

On a compris, mais trop tard, après la crise – et à quel prix ! –, que l'instabilité financière avait des répercussions majeures sur la stabilité macroéconomique[9].

On aimerait croire que les mesures prises depuis la crise sont à la hauteur des enjeux. C'est sans doute vrai en ce qui concerne le resserrement de l'appareil prudentiel. La nouvelle réglementation oblige, en effet, les banques à disposer d'une liquidité plus abondante et de fonds propres renforcés, ce qui devrait mettre un frein aux excès de la hausse du crédit. Mais la croissance de l'endettement global, favorisée par une politique monétaire ultra-accommodante, ne s'est pas ralentie, et la puissance des « non-banques », peu ou pas réglementées, reste problématique.

*

Certains diront : « Quelle importance ? De toute façon la dette ne sera jamais "payée" ; elle a vocation à être perpétuellement refinancée. »

9. Voir Salmeron A. M., « Economic policy against financial instability », *Caixa Bank Research,* Rapport mensuel de novembre 2017, p. 36-37.

En réalité, les moyens d'allègement de la dette évoqués ci-dessus (inflation, taux zéro, réduction discrétionnaire de dettes...) ont des conséquences sociales profondes et ne donnent guère confiance aux agents économiques.

Et n'oublions pas qu'au-delà d'un niveau – élevé – de l'ordre de 80-90 % (dette publique/PIB), la charge d'intérêts tend à devenir lourde, ce qui (en période de politique monétaire normale) oblige les gouvernements à sacrifier d'autres dépenses et notamment des investissements utiles et porteurs de croissance.

Même à des taux d'intérêt historiquement très bas comme aujourd'hui, la France, on l'a vu, doit payer plus de 40 milliards d'euros en charges annuelles d'intérêt, c'est-à-dire plus que le budget de la Défense nationale. On imagine ce qui se produirait si les taux d'intérêt repartaient à la hausse...

Si l'on considère que l'État est en charge d'assurer l'avenir collectif de la nation, alors on peut se demander si cette responsabilité est compatible avec la gestion à court terme de nos finances publiques telle qu'elle a été conduite depuis quarante ans. Cette gestion est caractérisée par :

- la répétition, chaque année, de budgets votés en déficit ;
- le fait que ces déficits servent à financer des dépenses courantes (salaires, déficits de systèmes de protection sociale...) et non des investissements qui seraient générateurs de recettes futures ;
- l'accroissement continu des dépenses publiques, qui a entraîné des déficits budgétaires annuels toujours supérieurs au « seuil stabilisateur » de la dette (les Allemands, qui connaissent le plein-emploi,

ont engagé le processus de réduction de leur dette publique dont le niveau – à l'époque de l'ordre de 70 % – était considéré par eux comme trop élevé) ;
– le transfert sur les générations futures – démographiquement déclinantes – des conséquences des largesses d'aujourd'hui. Laisser à ces générations le choix entre servir une dette de plus en plus lourde ou la répudier (par renégociation ou en s'enfonçant dans l'inflation), limite singulièrement la portée de ce qui a été le fondement historique de la démocratie, et qui consiste à laisser les citoyens décider librement de leur budget.

*

Les déficits publics s'accumulent par strates successives et créent l'endettement. Ce qui est important, c'est l'usage que l'on fait de ce processus plus que le fait même de s'endetter.

Si l'endettement permet de financer des investissements supplémentaires en infrastructures (notamment en matière de formation, d'éducation et de recherche), il peut être bénéfique : l'appareil productif se renforce et les revenus futurs générés par ces investissements permettront de servir et de rembourser la dette ainsi encourue tout en accroissant le potentiel de croissance du pays.

Mais si l'endettement ne fait que financer la consommation, maintenir des situations acquises, distribuer des « droits » et compenser monétairement des manques de compétitivité, il ne pourra qu'alourdir les charges de la nation au détriment de la croissance.

Sous l'Ancien Régime, alors que les charges militaires avaient provoqué la crise financière, c'est l'immobilisme fiscal, lié aux privilèges, qui avait bloqué la sortie de crise. Aujourd'hui, les prélèvements obligatoires ont prospéré face à un déficit toujours renouvelé. Ce n'est plus la guerre que l'on finance mais l'immobilisme.

Si l'endettement peut être utilisé comme une arme conjoncturelle efficace, il ne saurait être un substitut aux réformes structurelles ni une recette pour maintenir le niveau de vie en perpétuant un système productif obsolète.

Tant que l'on ne voudra pas comprendre que l'excès d'endettement public (par rapport à nos concurrents) est une source de sous-compétitivité et de chômage, il est à craindre que les choses continuent à se dégrader au fil des ans.

La dette publique française est proche de 100 % du PIB. Elle atteint 2 250 milliards de dollars. Elle a pratiquement doublé en dix ans. Pendant cette période, 700 000 emplois ont été créés dans les collectivités locales sans que la hausse de la population ou l'amélioration des services rendus puisse, en rien, le justifier.

A-t-on jamais organisé un débat public à l'Assemblée nationale sur les conséquences à long terme pour notre pays et notre société de ces dérives ?

Bel exemple de démocratie…

*

Il me paraît illusoire de vouloir régler les problèmes structurels par un surcroît prolongé d'endettement public ou privé.

C'est pourtant ce que l'on a essayé de faire en conduisant des politiques laxistes en matière budgétaire et monétaire, politiques qui comportent des risques systémiques pour la stabilité financière, et donc pour la croissance future.

Préjugé 7
« La dégradation de la balance commerciale de la France est un phénomène conjoncturel sans portée majeure »

CHAPITRE VII

La dégradation de la balance commerciale française : un problème mal posé. Est-ce grave, docteur ?

Essayons de comprendre les données de ce problème généralement mal perçu et qui semble relativement peu intéresser nos « têtes pensantes ».

La détérioration continue de notre balance commerciale est inquiétante

Il est de fait que la balance des paiements courants de la France se dégrade considérablement par rapport à la moyenne de la zone euro depuis une vingtaine d'années (voir graphique VII.1).

Graphique VII.1. La dégradation du compte courant de la France, par rapport à celui de nos voisins (balance paiements courants en % du PIB)

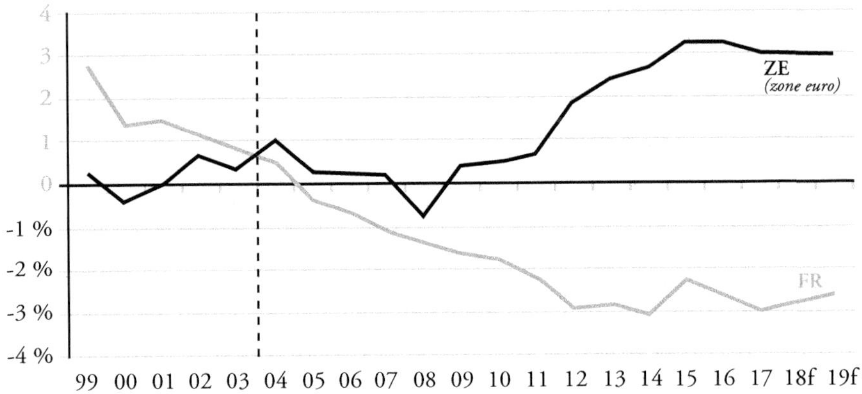

Source, Commission européenne (Ameco).

En ce qui concerne la balance commerciale, notre pays était à l'équilibre en 1998. Depuis, le déclin ne s'est guère interrompu. Ainsi, les chiffres des six dernières années (déficit marchandises) ne sont pas encourageants :

2011	-74 milliards d'euros
2012	-67 milliards d'euros
2013	-61 milliards d'euros
2014	-58 milliards d'euros
2015	-45 milliards d'euros
2016	-48 milliards d'euros

En 2017, le déficit s'est accru pour dépasser 60 milliards d'euros. Il ne devrait guère s'améliorer en 2018, alors que les autres pays de l'Union européenne sont à l'équilibre ou, comme l'Allemagne, en – trop – large excédent (plus de 8 % du PIB en termes de balance des paiements courants).

Au cours de la période 2011-2017, la moyenne annuelle de nos déficits commerciaux s'établit à 2 % du PIB environ. C'est la manifestation de ce que l'on appelle un « déséquilibre fondamental » au sens du FMI.

Je me souviens d'un colloque tenu au début de 2013. Un conseiller économique du gouvernement de l'époque s'exprimait avec assurance sur le sujet : « Notre balance commerciale s'améliore [le déficit était, en effet, passé de 74 à 67 milliards d'euros entre 2011 et 2012] et c'est essentiellement la hausse du prix du pétrole qui explique l'existence résiduelle d'un déficit. Mais, en dehors de ce facteur, il n'y a pas lieu de s'inquiéter. »

On va voir qu'il n'en était rien. Mais c'est un domaine où le déni tend à prévaloir sur l'analyse.

La baisse de nos parts de marché à l'exportation est continue

Cette baisse est un phénomène ancien et qui s'aggrave. Le tableau ci-dessous montre que depuis 2004 la part des exportations françaises de marchandises dans le total des exportations mondiales s'est considérablement dégradée.

Part des exportations françaises dans le total des exportations mondiales	
2004	5 %
2017	2,7 %

Cette évolution est illustrée par le graphique VII.2, qui montre que la part des exportations françaises dans le monde diminue constamment depuis quinze ans.

Il faut, évidemment, reconnaître que l'ouverture du commerce mondial aux pays émergents explique une partie de ce phénomène : la place croissante des nouveaux acteurs réduit mécaniquement, en termes relatifs, les positions acquises par les « anciens ».

Mais quand on examine nos performances non plus dans le monde mais dans la zone euro, c'est-à-dire dans un groupe de pays homogènes, on constate la même tendance (voir graphique VII.3). En 2000, les exportations françaises représentaient 17 % du total des exportations de biens et services de la zone. En 2017, le chiffre est tombé à 13 %. Notre écart avec l'Allemagne se creuse[1].

En réalité, ce sont des phénomènes structurels et persistants qui sont à l'origine du déclin de nos exportations.

Au premier rang d'entre eux figure la désindustrialisation de notre pays constatée sur le long terme. Cette tendance lourde a été accusée par les délocalisations et la montée des importations en provenance des pays à bas salaires à la faveur de la mondialisation. J'y reviendrai.

De fait, nos exportations manufacturières ne cessent de se dégrader. Notre déficit en matière de produits manufacturés a atteint un record en 2017 : près de 40 milliards d'euros.

1. L'écart entre les exportations françaises et celles de l'Allemagne s'est creusé de 250 milliards d'euros pendant les dix dernières années, soit l'équivalent de 13 % de notre PIB.

Graphique VII.2. Part des exportations françaises de marchandises dans les exportations mondiales de marchandises en valeur

Sources douanières nationales, © Coe-Rexecode.

Graphique VII.3. La part des exportations françaises de biens et services dans la zone euro diminue constamment depuis 2000

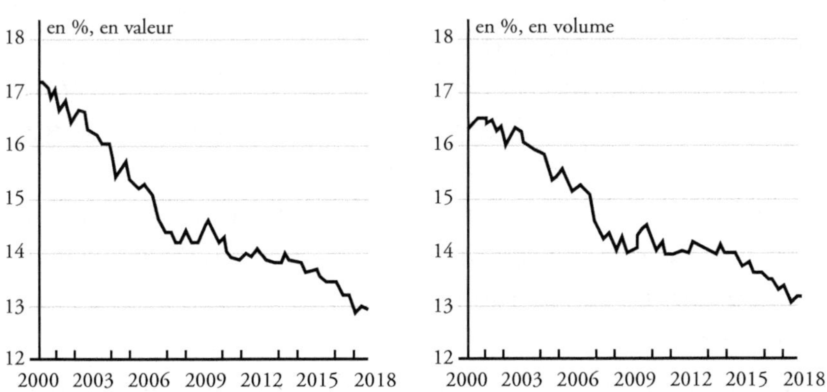

Sources : Insee, Eurostat, © Coe-Rexecode.

La demande intérieure française est de plus en plus riche en importations

Il n'y a pas que sur les marchés étrangers que notre compétitivité recule. C'est vrai aussi du marché intérieur.

On constate, depuis quelques années, que nos importations ont connu une croissance vigoureuse : cette pénétration des importations est, en fait, plus marquée et rapide que dans les autres grandes économies de la zone euro depuis 2010.

C'est, du reste, cette forte augmentation du montant des importations (hors énergie) qui est responsable de la détérioration de notre solde commercial.

Le fait est que notre croissance économique est essentiellement tirée par la consommation des ménages et, accessoirement, par l'investissement des entreprises.

Or ces dépenses absorbent plus d'importations qu'elles ne génèrent d'exportations. En 2017, la croissance économique de la France de 1,9 % s'est accompagnée de hausses d'importations de + 6,8 % alors que les exportations ne progressaient que de 4,5 %.

Malgré le dynamisme de la demande internationale, nos entreprises ont du mal à vendre. Alors que la demande supplémentaire adressée à la France par l'extérieur en 2018 va s'établir autour de 15 milliards d'euros, notre déficit industriel va sans doute s'accroître davantage. En dehors du luxe, de la chimie et de l'aviation, nos exportations ont du mal à rester compétitives.

À la base de ce problème, il y a la compétitivité coûts et la compétitivité hors coûts.

La compétitivité coûts a plutôt tendance à s'améliorer, bien qu'elle n'ait pas retrouvé le niveau de la moyenne européenne

• Les prix français – comparés aux prix allemands – se sont améliorés et se rapprochent graduellement des performances d'outre-Rhin.

• Cette tendance s'explique par la modération des coûts salariaux en France. Nos coûts horaires du travail sont, certes, encore supérieurs à ceux en moyenne dans la zone euro. Mais la situation ne se dégrade plus, elle s'améliore même lentement. Ce sont les allègements de charges (Crédit d'impôt compétitivité emploi de 2013) qui sont à l'origine de cette dynamique positive.

• En revanche, la productivité du travail est moins favorable dans notre pays que dans la moyenne de la zone euro.

• Au total, les marges des entreprises françaises – bien qu'en progression entre 2014 et 2015 – restent encore significativement plus faibles – 9 points d'écart – que celles de la moyenne de la zone : 32 contre 41 % (graphique VII.4).

Graphique VII.4. Taux de marge des entreprises françaises non financières (en %)

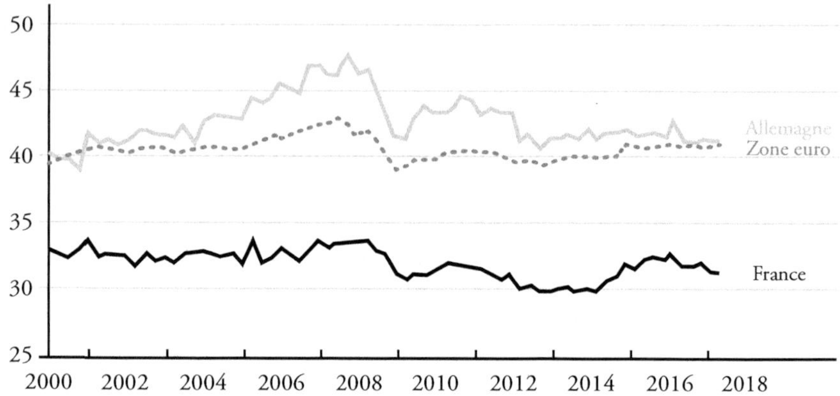

Sources : Eurostat, © *Coe-Rexecode.*

On pourrait dire, pour simplifier, que la modération salariale a contribué à améliorer la compétitivité-coûts, mais que les charges fiscales et parafiscales dues à l'excès de notre dépense publique (7 points de PIB de plus par rapport à la moyenne européenne) continuent à peser sur les marges et à expliquer l'essentiel de l'écart constaté[2].

Or, sans égalité de marges, la compétitivité ne peut que se dégrader.

La part des marges de l'industrie dans le PIB a évolué comme suit en France et en Allemagne de 2000 à 2016 :

- Allemagne : les marges se sont *relevées* de 7,4 % à 9 % du PIB ;
- France : elles ont *diminué* de 5,9 à 4,2 %.

2. On estime, à cet égard, que les cotisations sociales à la charge des entreprises françaises sont encore supérieures de 5 points du PIB à celles de nos concurrents d'outre-Rhin.

Cette réduction des marges des entreprises françaises est directement corrélée à nos baisses de parts de marché. Ce sont, en effet, les marges qui permettent d'assurer les investissements indispensables à l'innovation, à la prospection et à la conquête de nouveaux marchés[3].

La compétitivité hors coûts nous est défavorable

Les biens d'équipement français continuent d'être pénalisés par des prix trop élevés et d'insuffisantes innovations. En ce qui concerne le rapport moyen qualité-prix, nous restons dans la moitié inférieure du classement européen. Dans l'ensemble, la densité de nos exportations manufacturières en innovations et en haut de gamme laisse à désirer.

*

Deux observations pour conclure :

1. *La faiblesse de nos performances à l'exportation nous coûte cher* en termes macroéconomiques.

L'existence d'un déficit commercial peut être un phénomène conjoncturel sans importance. Mais s'il persiste

3. Les déterminants essentiels des taux de marge sont :
   1. les gains de productivité ;
   2. les salaires réels ;
   3. les impôts et cotisations à la charge des entreprises.

Or la France est mal placée sur les points 1 et 3.

et s'aggrave, il est, en général, un signe de l'érosion de l'appareil productif d'un pays.

Quand le contenu en emplois des biens importés dépasse significativement et durablement le contenu en emplois des biens exportés, c'est qu'on a très probablement affaire à un problème d'offre et de compétitivité.

C'est, malheureusement, le cas de la France où le déficit net d'emplois (imports-exports) représente environ 2 millions de personnes, soit l'équivalent du chômage français.

Il est de fait que la lente dégradation de notre position exportatrice nous a fait perdre des sources importantes de croissance et d'emplois.

Comme le souligne le dernier rapport de Rexecode sur la compétitivité : « Si notre part de marché à l'export était restée à son niveau de 2000 (17 % des exportations de la zone euro) au lieu de tomber à 13 %, le montant des exportations de biens et de services de la France aurait été plus élevé de 213 milliards en 2017. »

En définitive, la contraction exercée par le commerce extérieur sur la croissance française est *très* significative (– 0,8 point de PIB en 2016 ; – 0,4 en 2017...).

2. *Cette dégradation de la compétitivité française n'est pas un phénomène conjoncturel* : c'est une tendance majeure de notre économie.

En effet, le recul de la base industrielle française se poursuit.

Le poids de l'industrie manufacturière française au sein de la zone euro a diminué régulièrement depuis le début des années 2000.

Quelques faits :

– le ratio de la valeur ajoutée de notre industrie par rapport à celle de la zone euro a décliné depuis 2000 (la part française dans la valeur ajoutée manufacturière de la zone euro a chuté de 21,8 % depuis 2000, alors que des pays comme l'Italie et les Pays-Bas ont connu des baisses plus limitées que les nôtres et que l'Allemagne et l'Espagne amélioraient leurs positions) ;

– cette érosion de la base industrielle française est relativement homogène en termes de sous-secteurs industriels. Si l'industrie aéronautique voit son poids augmenter, et la chimie le maintenir, le poids de tous les autres secteurs (biens d'équipement, pharmacie, automobiles...) décline dans l'ensemble européen.
– notre pays se désindustrialise de façon continue et beaucoup plus que les autres pays de la zone euro. Ainsi, de 2000 à 2010, la part de l'industrie manufacturière dans le PIB de la zone euro est passée de 19,2 à 15,5 % du fait notamment de la montée des pays émergents. Mais en France le chiffre est tombé à 9,3 % (12 % en Espagne, 18,7 % en Allemagne). Or, sans industrie, la recherche tend à se réduire et l'influencc économique d'un pays à s'effacer.

*

En 2017, malgré un rebond conjoncturel dont la France a bénéficié, il est de fait que la compétitivité de l'économie française ne s'est pas améliorée par rapport à celle de nos voisins européens. Voici quelques faits qui donnent à réfléchir :

– les parts de marché à l'exportation se sont dégradées en 2017 (la part des exportations françaises – biens et services – dans les exportations totales de la zone euro a reculé – de 13,2 % à 12,9 %).

On l'a vu, cette dégradation de la compétitivité française n'est pas un phénomène conjoncturel : elle reflète une tendance majeure de notre économie.

– la part des marges de l'industrie dans le PIB a décliné en France alors qu'elle a augmenté en Allemagne de 2000 à 2016.

Il résulte de cette analyse que si la politique de baisse des charges menée depuis 2014 a réduit la divergence des coûts salariaux avec l'Allemagne, elle n'a pas encore comblé le déficit accumulé. Quant à l'excès des prélèvements obligatoires à la charge de nos entreprises, il est loin d'avoir été suffisamment réduit.

*

La balance des paiements est, en définitive, un miroir qui nous renseigne sur la compétitivité de notre économie.

Il ne s'agit pas d'avoir une vue mercantiliste de l'équilibre – ou de l'excédent – qui serait à réaliser sur chacun des postes de la balance. Cette vue serait, évidemment, absurde.

Il faut seulement tenter d'interpréter objectivement les symptômes que sont les déséquilibres quand ils persistent et s'aggravent, et ne pas se satisfaire d'une situation où des déficits de 1 à 2 % du PIB se succèdent d'année en année. On est là, typiquement, dans l'engrenage d'un « déficit fondamental » qu'il importe de corriger, moins pour les montants actuels en cause que pour arrêter le processus d'appauvrissement du pays et de dégradation de notre compétitivité et donc de notre croissance future.

Le diagnostic est, malheureusement, assez clair :
- perte continue de marchés à l'exportation ;
- baisse de notre compétitivité ;
- insuffisance des marges bénéficiaires de nos entreprises par rapport à celles de nos voisins ;
- faiblesse de la contribution des PME à l'exportation (8 % des PME françaises exportent dans l'Union européenne contre 17 % pour les PME européennes) ;
- vigueur des importations de produits étrangers qui ne cessent de croître (biens d'équipement, automobiles...) en termes de parts de PIB.

Le résultat est que nous sommes arrivés à une situation où la croissance (+ 1,7 % prévu en 2018) entraîne une hausse des importations supérieure à celle de nos exportations, du fait de la plus forte élasticité des importations par rapport à l'évolution du PIB[4].

Dans une telle situation, le danger est de se concentrer – peut-être pour se rassurer – sur les problèmes conjoncturels à court terme :
- variations à la hausse du prix du pétrole ;
- effets des fermetures de centrales nucléaires ;
- moins de tourisme du fait des attentats ;
- mauvaise récolte céréalière ;
- retards de livraisons d'Airbus...

Quant à la voie à suivre, elle dépasse évidemment l'amélioration, du reste souhaitable, des dispositifs

4. Il peut, certes, y avoir un élément provisoire dans cette hausse des importations en raison du contenu extérieur des investissements des entreprises, investissements qui, un jour, pourraient se traduire par un surcroît de production nationale et d'exportations. Reste à le constater...

administratifs (rôle des ambassades, rationalisation et regroupements en guichets uniques des chambres de commerce…).

*

> La seule solution de fond est de s'attaquer au phénomène de la perte de compétitivité de nos entreprises et au déclin de la base industrielle de notre pays.

Les causes du problème sont structurelles beaucoup plus que conjoncturelles. La profondeur de la dégradation de notre balance commerciale, la nature récurrente des causes de ce phénomène et la situation plus favorable de nos voisins attestent de ce caractère structurel et doivent donc inspirer les mesures en conséquence. La situation est d'autant plus sérieuse que les entreprises françaises sont davantage confrontées à la concurrence internationale du fait de leur relativement faible spécialisation et de leur concentration sur des gammes plus basses (voir, par contraste, le développement à l'export du Mittelstand allemand).

C'est là que l'on retrouve certains des sujets déjà abordés dans ce livre :

- la baisse, indispensable, des déficits publics et de l'endettement (n'oublions pas que les « déficits jumeaux », budget et balance courante, se nourrissent mutuellement) ;
- la nécessaire poursuite de la réduction des charges fiscales et parafiscales pesant sur les entreprises ;

- l'impératif de la croissance de la productivité et de l'innovation ;
- l'importance de la formation professionnelle et de l'investissement en capital humain ;
- l'encouragement à créer un « Mittelstand » français en favorisant l'essor et la liberté d'action des PME ainsi que leurs liens avec des grandes entreprises.

*

En définitive, le problème est grave : trop de nos entreprises, particulièrement les petites et les moyennes (c'est-à-dire celles qui créent les deux tiers des emplois), ont du mal à survivre, à investir et à embaucher. Trop d'entre elles sont contraintes à fermer. La désindustrialisation de notre pays ne cesse de s'aggraver depuis des décennies. Notre société est en danger. Ce sont les entreprises qui créent l'emploi et non l'État.

La France a perdu 2,5 millions d'emplois dans l'industrie manufacturière entre 1975 et 2000. Pendant ce temps-là, elle a vu les effectifs du secteur public augmenter de 4,5 millions de postes. Il y a un lien entre ces deux éléments.

Sans une restauration décisive des marges de nos entreprises[5], il est illusoire d'espérer une progression de nos exportations, une inversion de la courbe du chômage et de celle de la désindustrialisation de notre pays.

5. De ce point de vue, le Pacte de responsabilité engagé au début de 2014 est allé dans la bonne direction (il prévoyait 30 milliards d'allègements de cotisations à l'horizon 2017). Mais cela est insuffisant pour rétablir un terrain d'égalité avec les entreprises européennes et il faut aller plus loin.

Le redressement de ces marges doit devenir une priorité nationale et bipartisane. Il passe par une maîtrise des charges publiques.

*

Au terme de cette analyse, certains pourraient être tentés par une sortie de l'euro et donc par une dévaluation. Mais une dépréciation de la monnaie ne serait pas la solution : cela ne restaurerait pas de manière durable la compétitivité de nos exportations.

Pourquoi ?

Parce que ce qui freine vraiment nos exportations ce n'est ni l'inflation (nos prix à la consommation sont plutôt plus faibles qu'en Allemagne) ni même le niveau des salaires (il est devenu comparable à celui de notre concurrent d'outre-Rhin). C'est que notre appareil productif, alourdi d'impôts et de charges sociales (dus à l'excès de nos dépenses publiques), peine à investir, à innover, à recruter et à produire, notamment pour développer les exportations de haut de gamme qui nous permettraient de gagner des parts de marchés dans un monde de plus en plus compétitif.

Il faut comprendre que dans un tel environnement structurel, une dévaluation n'aiderait guère à rendre nos entreprises plus performantes. Si leurs charges étaient maintenues, voire augmentées (comme cela serait vraisemblablement le cas, puisque les tenants de cette option annoncent déjà une hausse massive de nos dépenses publiques pour atténuer les effets négatifs de l'opération sur le pouvoir d'achat), le problème de la sous-compétitivité de nos exportations perdurerait.

En définitive, l'opération ne se traduirait pas par une renaissance durable de nos exportations industrielles (ce qui serait la seule justification de ce type de décision). « Un coup de fouet sur un cheval malade ne peut le faire avancer. »

En revanche, elle produirait les effets classiques de toute dévaluation :

– remontée du coût des importations (ce qui est particulièrement problématique dans un monde où les exportateurs doivent importer de plus en plus de composants du fait de l'internationalisation croissante des chaînes de production) ;
– alourdissement du poids de la dette. Quand un pays a une dette publique qui frôle 100 % de son PIB, il devrait être extrêmement prudent sur la question de sa parité. Imaginons ce que deviendrait le coût d'une dette publique dont les taux d'intérêt de marché augmenteraient de plusieurs centaines de points de base (comme cela a été le cas pendant la crise souveraine des pays de la périphérie de l'euro en 2010-2012). Au surplus, la charge de la dette exprimée en monnaie locale serait accrue du taux de la dévaluation... ce serait un nouveau « boulet à la cheville » des entreprises et des contribuables.

Rien de ce qui constitue la faiblesse fondamentale de nos performances à l'exportation ne saurait être résolu par une opération monétaire (lourdeur des taxes et charges sociales, insuffisance de la formation...).

Au total, l'opération serait immensément perdante pour la France :

– les obstacles à la croissance et à l'emploi demeureraient ;

– l'augmentation du coût de nos importations réduirait le pouvoir d'achat de nos concitoyens ;
– la charge de notre dette exploserait ;
– la croissance en souffrirait ;
– le pays s'appauvrirait (alors que les mesures de redressement souhaitables devraient, au contraire, être axées sur la régénération de notre appareil productif et sur la renaissance de l'emploi) ;
– notre pays s'enfoncerait dans la logique dangereuse de l'économie fermée et tournerait le dos à des décennies de progrès.

*

Il est grand temps de prêter plus d'attention aux aspects structurels de notre déficit extérieur et de s'attaquer aux vrais problèmes qui l'expliquent. Il ne s'agit pas d'un sujet particulier ou technique, mais du cœur même de la problématique de notre pays.

Préjugé 8
« Le problème des retraites en France
résulte de la trop grande diversité des régimes »

CHAPITRE VIII

Le problème des retraites en France : inextricable ou très simple

La question des retraites est intensément débattue en France. Elle est, au fond, assez simple. Mais on s'obstine souvent à la compliquer.

De quoi s'agit-il ?

Répartition ou capitalisation ?

La retraite par répartition, comme la nôtre, s'est généralisée après la Seconde Guerre mondiale pour remédier aux inconvénients des régimes de capitalisation, durement éprouvés par l'inflation.

Dans ce système, ce sont les actifs qui financent chaque année « au fil de l'eau[1] », par leurs cotisations, les retraites versées la même année à leurs aînés

1. En anglais : « *Pay as you go.* »

(les retraités avaient, eux-mêmes, avant leur départ à la retraite, contribué à financer les pensions des cohortes antérieures). On « répartit » donc les montants reçus des actifs chaque année pour les reverser aux retraités.

Il existe, par ailleurs, des systèmes dits « de capitalisation », dans lesquels les cotisations payées par les actifs tout au cours de leur vie professionnelle sont mises en réserve et servent à constituer un capital. Ce capital est destiné à assurer les vieux jours des retraités, qui bénéficient ainsi de leur épargne accumulée.

En France, à l'exception d'un régime particulier[2], le régime général et les régimes complémentaires fonctionnent tous sur le mécanisme de la répartition.

Il existe, certes, dans notre pays, des espaces pour des produits de retraite par capitalisation. Mais l'assurance-vie qui est, de loin, le plus important d'entre eux, peut difficilement être définie comme un « système de retraite », dans la mesure où les fonds d'assurance-vie peuvent être retirés à tout moment. Quant aux autres formes d'épargne-retraite comme les Plans d'épargne populaire, le PERCO (souscrit *via* l'épargne salariale proposée à leurs employés par les entreprises), leur ampleur reste modeste (moins de 5 % des revenus des retraités). On constate, au contraire, dans nombre de pays – notamment en Allemagne –, un développement significatif de ces formes de retraites par capitalisation aux côtés du régime général qui demeure gouverné par le principe de répartition.

2. La RAFP (Retraite additionnelle de la fonction publique) créée en 2005 est un régime qui s'applique aux fonctionnaires de l'État, des collectivités locales et hospitalières ainsi qu'aux militaires. C'est un système obligatoire qui fonctionne par capitalisation et concerne le traitement, pour les retraites, des heures supplémentaires perçues par les intéressés.

> Étant donné les incertitudes qui pèsent sur les régimes de retraite (notamment du fait de l'évolution démographique et du déclin du nombre des actifs), il paraît sage d'encourager fiscalement la constitution d'instruments d'épargne-retraite destinés à compléter les régimes généraux et à aider les retraités à maintenir, après leur vie professionnelle, des conditions de vie acceptables.

Là me paraît être la vraie réforme pour notre pays : ouvrir davantage la porte à des formes additionnelles – libres, voire obligatoires – de retraites par capitalisation.

C'est que la retraite par capitalisation, malgré les déboires qu'elle a connus du fait de la grande inflation d'avant et d'après-guerre, comporte des vertus.

L'idée de faire contribuer les travailleurs, par une accumulation d'épargne, à la constitution d'une partie de leur retraite future présente, en effet, au moins trois avantages :

• Elle intègre le système des retraites dans le devenir économique et social d'une nation. C'est le propre du capitalisme que de permettre de monétiser les revenus futurs à partir d'un capital accumulé. De ce point de vue, la capitalisation offre une solution très pragmatique au problème de l'équilibre d'un système de retraite : tout système (quelles qu'en soient les modalités y compris la répartition) ne peut être, en fin de compte, que le reflet de la destinée économique d'une nation ;

• Elle contribue à développer l'épargne et, pour peu que celle-ci soit canalisée vers les emplois longs et productifs (c'est là la faiblesse de notre assurance-vie), cela ne peut que favoriser les investissements en capital-actions et donc la croissance potentielle de l'économie.

• Elle complète les systèmes par répartition au moment où ceux-ci sont affaiblis par l'évolution démographique.

Sans contester l'avantage clé de la répartition, qui est de souder le sort des différentes générations en une solidarité commune, il est, néanmoins, important d'en souligner la faiblesse. Celle-ci tient au fait que son équilibre dépend du rapport entre le nombre de cotisants et celui des retraités.

Or ce rapport ne dépend pas des caractéristiques techniques des régimes. Il dépend de l'évolution démographique.

Un problème démographique mondial

C'est un problème commun à tous les pays « avancés » et en particulier aux pays européens.

La pyramide des âges (structure de la population par âges) des pays développés change rapidement de forme

La répartition des différentes tranches d'âge de la population européenne pouvait encore, en 1950, être représentée par une « pyramide » avec une base large pour les classes jeunes et une montée graduelle vers la pointe pour les classes plus âgées. Aujourd'hui, il n'en est plus ainsi : la base s'est rétrécie avec un renflement de la tranche des 40 ans.

En 2050, ce ne sera plus du tout une pyramide, mais plutôt un tronc d'arbre vertical avec un renflement vers 60 ans.

L'espérance de vie en Europe, qui était de 65 ans en 1950, est aujourd'hui de 75 ans et devrait dépasser 80 ans en 2050.

La population mondiale vieillit très vite (graphique VIII.1).

Graphique VIII.1. Population de plus de 60 ans (% de la population mondiale)

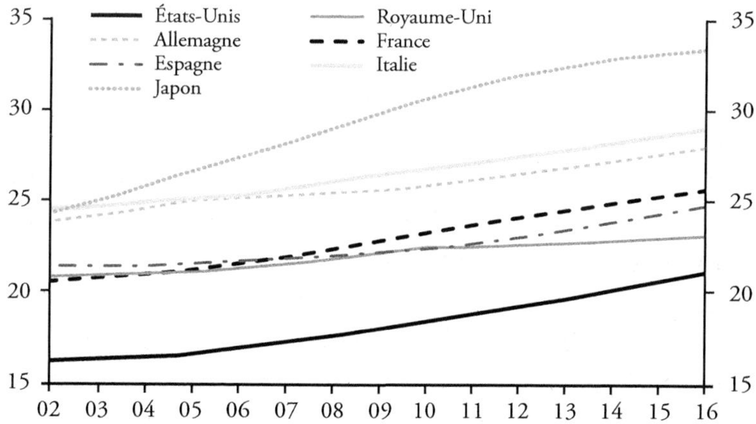

Source : Natixis Flash Economie, 9 septembre 2016 ; chiffres OCDE.

Les effets économiques de ce vieillissement sans précédent sont considérables, notamment sur le poids croissant des retraites

Alors que la croissance de la population active est en train de se stabiliser, la population âgée augmente fortement.

En Europe (ces chiffres sont voisins de ceux de la France) il y avait :

- 20 retraités pour 100 actifs en 1950, soit 5 actifs pour 1 retraité ;
- 32 retraités pour 100 actifs en 2000, soit 3 actifs pour 1 retraité ;
- 56 retraités pour 100 actifs en 2015, soit 1,8 actif pour 1 retraité ;
- et on prévoit 74 retraités pour 100 actifs en 2050, soit 1,3 actif pour 1 retraité.

Or si on voulait assurer aux retraités 50 % de leur revenu brut d'activité dans un système de répartition, les cotisations pourraient être contenues à 12,5 % des revenus s'il y avait 4 actifs pour 1 retraité.

Mais s'il n'y a plus que 2 actifs par retraité, voire moins, la cotisation de retraite devrait doubler et dépasser 25 % à 30 % du revenu, ce qui poserait un problème majeur. Or c'est cela qui est en train de se produire. La dégradation des systèmes de retraite est inévitable. C'est là – et pour demain – une source de tensions intergénérationnelles que nos sociétés ne sauraient esquiver.

Le sujet n'est pas qu'européen : il est mondial.

Ainsi, il est saisissant de constater qu'en 1986, 69 % des retraités américains étaient capables de maintenir leur niveau de vie d'avant le départ en retraite. En 2013, ce pourcentage est tombé à 48 %. En 2034 la prévision est de 32 %.

On considère qu'aux États-Unis :

– le déficit général des systèmes de retraite atteignait 4 trillions de dollars. La faiblesse des taux d'intérêt nés de la politique monétaire ultra-accommodante a contribué à déséquilibrer les bilans des fonds de pension entre les actifs financiers placés à des taux se rapprochant de zéro et les engagements des fonds de pension ;
– en 2050, 25 millions d'Américains aborderont leur retraite dans un état de pauvreté, faute d'avoir constitué, par leur épargne, des compléments de pension (aujourd'hui, on estime qu'un tiers des futurs retraités n'a mis en place aucune solution individuelle additionnelle au régime général).

Le sujet est à traiter et non à différer. Le recul de l'âge de la retraite et la promotion de systèmes complémentaires d'épargne-retraite sont, évidemment, les pistes à suivre.

La solution pour la France : ne pas se tromper d'objectif

Trois faits majeurs sont à rappeler :

– nos retraites coûtent cher ;
– mais elles ne satisfont pas les retraités qui ont, en général, une vision pessimiste de leur avenir ;

– l'espérance de vie à la naissance continue d'augmenter (en moyenne de cinq ans depuis 1990).

Or il s'agit essentiellement d'un problème démographique : « Pas assez d'actifs pour payer les pensions de retraite, dans un système de répartition où ce sont les actifs qui financent aujourd'hui les retraites des seniors. »

En effet, avec la dégradation du rapport actifs/retraités (moins de deux actifs par retraité en France aujourd'hui contre trois en 2000), le système actuel n'est plus viable et la réforme est indispensable. Le vieillissement démographique et l'accroissement de l'espérance de vie ont profondément bouleversé les fondements mêmes de nos systèmes de retraite par répartition.

Mais les réformes indispensables pour adapter notre système à cette « nouvelle donne » ont été l'objet d'abord du déni public puis de mesures insuffisantes et, dans certains cas, mal orientées.

Le financement public de nos systèmes de retraite (publics et privés) est un des plus coûteux d'Europe (il absorbe 13,7 % de notre PIB en 2014, contre 10,9 % pour la moyenne de la zone euro).

Si on veut s'assigner un objectif modeste (ramener les dépenses retraites à 12,2 % du PIB, ce qui nous rapprocherait de la moyenne de la zone euro), cela représenterait un effort de 1,5 % du PIB sur cinq ans.

Pour le réaliser, il existe trois voies possibles :

• *Augmenter les cotisations sur les actifs.* Mais cette solution – à laquelle on a trop recouru – est à proscrire : elle ne peut que charger davantage les entreprises et les cotisants individuels, avec des conséquences dommageables sur la compétitivité et donc un accroissement du chômage[3]. Elle est aussi de nature à exacerber les tensions intergénérationnelles, ce qui est contraire à l'esprit de la réforme.

• *Faire baisser le taux de remplacement*[4] par des réductions de retraites programmées ou en laissant jouer sur le long terme la réforme de 1993 réalisée par le gouvernement Balladur, qui a substitué les prix aux salaires comme élément d'indexation des retraites. Cette deuxième méthode – à elle seule – ne conduirait à l'équilibre des régimes de retraite qu'en 2050-2060[5], dégageant au total une baisse de 20 % du taux de remplacement. Mais il faut, évidemment, agir plus vite si l'on entend se rapprocher de la moyenne européenne en cinq ans.

• Si on veut éviter une chute trop prononcée, à terme, du taux de remplacement, ce qui est socialement souhaitable, *il faudra donc impérativement allonger l'âge de départ en retraite*. Jusqu'à présent les mesures prises en ce sens (âge minimal ou âge nécessaire pour bénéficier du taux plein) ont été relativement modestes (quinze mois d'équivalent-allongement sur cinq ans). Si on retient l'économie ciblée de 1,5 % du PIB évoquée ci-dessus, il faudrait programmer d'aller graduellement

3. La part des employeurs dans le financement des cotisations sociales est la plus élevée de la zone euro (11,5 % du PIB contre 6,8 % en Allemagne, 9,3 % en Italie…).
4. Taux de remplacement : rapport entre pension et salaire net moyen de fin de carrière. Le taux de remplacement médian s'élève en France à 75 % pour les personnes ayant effectué une carrière complète.
5. Selon le scénario central, trop optimiste, du Conseil d'orientation des retraites (COR).

au moins jusqu'à 65 ans, voire au-delà, en s'inspirant de ce que font nos voisins, et ce qui serait en ligne avec l'allongement de l'espérance de vie en bonne santé des seniors aujourd'hui.

Il est à observer, en effet, que tous les pays européens – qui connaissent la même évolution démographique – ont porté l'âge légal de la retraite à 65 ou 67 ans. Nous sommes le seul pays à avoir maintenu l'âge de départ à 62 ans.

Augmenter de trois ans au moins la durée de la vie active apparaît donc comme la seule manière, sinon de résoudre complètement le problème, mais du moins d'en traiter l'essentiel. Il serait honnête de l'expliquer. La France souffre d'un effet de « tenaille démographique » dont elle ne peut sortir qu'en allongeant – du reste modérément – la durée du travail. C'est la condition nécessaire pour résoudre de manière « solidaire », entre générations, le problème français des retraites.

De ce point de vue, il ne faut pas se tromper de cible.

Il y a, sans doute, d'autres sujets de préoccupation : le nombre élevé (une quarantaine) de régimes spéciaux, leur complexité, les inégalités qui en résultent.

Mais il faut comprendre que ces sujets sont d'un ordre second, pour ne pas dire secondaire.

Même si on parvenait à les résoudre en unifiant tous les régimes, ce qui prendrait, du reste, des années de négociations, on souffrirait encore de l'effet de « tenaille démographique ». L'équilibre financier d'un régime unifié par points nécessiterait, de toute façon, l'allongement de la durée du travail (comme on le voit en

Suède ou en Italie, pays ayant opté pour le système des points).

Il me semble donc que la priorité est de rétablir l'équilibre global du système, plutôt que de concentrer l'effort sur la recherche d'une solution unificatrice qui, par la force des choses, sera extrêmement complexe à réaliser. En effet, s'attaquer à quarante régimes spéciaux ne peut que susciter une diversité et une intensité de revendications et d'oppositions à la mesure de la complexité du système : pratiquement tout le monde sera mécontent.

Il paraît plus sage de traiter, en premier, le vrai sujet du déséquilibre, celui de l'âge de départ et, dans un deuxième temps, de s'attaquer, si on le souhaite – ce qui peut, du reste, se discuter –, à la diversité excessive de nos régimes spéciaux.

Mais croire que la seule vertu d'une méthode (l'attribution uniforme de points de retraite en fonction des cotisations payées) et d'une formule mathématique (le calcul périodique de la valeur des points – c'est-à-dire des pensions – en fonction des prévisions sur l'espérance de vie et sur l'évolution du PIB) puisse aboutir à l'équilibre du système par le miracle d'une sorte de « pilotage automatique » me paraît une illusion.

En effet, comment imaginer un instant que le jeu d'une formule mathématique puisse conduire, le cas échéant, la population à accepter une baisse générale des retraites sans décision politique compensatoire ?

Même la Suède – qui a mis plus de dix ans à passer au régime des points – a dû « compenser » les baisses de pensions résultant du système en période défavorable tout en augmentant l'âge de départ à la retraite.

Donc, ne nous trompons pas de « lame de fond » : celle-ci est démographique et ne doit pas être masquée et différée par l'alibi d'une réforme unificatrice.

*

Cet allongement de la vie active aurait non seulement le mérite d'améliorer sensiblement la situation financière des régimes de retraite (entraînant une baisse des dépenses de 0,15 point de PIB par an pour des départs à 63 ans et 0,55 point pour 65 ans), mais aussi des effets positifs sur l'activité économique et la croissance.

Parlons clair et cessons de considérer l'allongement de l'âge de la retraite avec un sentiment de culpabilité :

• Quand l'espérance de vie (de vie en bon état de santé) s'accroît considérablement, il est normal d'avoir à travailler un peu plus longtemps (c'est-à-dire de partager entre travail et retraite l'allongement de l'existence).

• Si l'on n'utilisait que le levier de la hausse des cotisations, cela conduirait à une augmentation massive de la charge des actifs et des entreprises qui serait socialement impossible à justifier du fait de la baisse du pouvoir d'achat qui en résulterait et économiquement désastreuse (9,5 points de cotisations supplémentaires !).

• N'utiliser que la baisse des pensions amènerait à réduire le taux de remplacement de 75-80 % à 44 %, ce qui est inacceptable.

• Il faut donc centrer la réforme sur l'allongement de l'âge de départ à la retraite. Sinon l'équilibre du système serait durablement et irrémédiablement compromis.

*

Ayons la lucidité de reconnaître que pendant plus de vingt ans la France a pratiqué une politique malthusienne en matière de retraites.

En abaissant l'âge de la retraite de 65 à 60 ans en 1982, nos dirigeants ont choisi par démagogie de laisser se détériorer l'équilibre à long terme du système. Depuis, les mesures correctrices ont été essentiellement centrées sur les hausses de cotisations, hausses économiquement et socialement régressives.

On a fait croire aux Français que le slogan : « Il vaut mieux payer un retraité qu'un chômeur » était justifié.

En fait, il n'existe pas un « stock » fini d'emplois, qui serait à partager entre jeunes et retraités. Rien ne le démontre. Tout dépend de l'offre de travail, et donc de la santé des entreprises, de l'état de l'économie, des qualifications professionnelles et de la flexibilité du marché de l'emploi.

Or la réduction de la durée totale du travail, à laquelle la France a procédé, a été essentiellement financée par les entreprises. Ces hausses, en surchargeant les prélèvements obligatoires, ont dissuadé les entreprises d'embaucher.

Au total, les jeunes sont restés à la porte du marché du travail, tandis que les seniors profitaient, contre toute justification démographique, d'un allongement de leurs retraites. Les jeunes – les plus vulnérables – ont été les victimes de cette politique, soi-disant « sociale »…

Préjugé 9
« La création de l'Union monétaire européenne
est de nature à faciliter par elle-même
la solution des problèmes de fond »

CHAPITRE IX

L'histoire de l'Union monétaire européenne : une audacieuse aventure, turbulente, mais encore inachevée

Une origine troublée

L'Union monétaire européenne est née de l'effondrement du système de Bretton Woods en 1971-1973. La filiation est claire et n'a jamais été mise en doute. Quand les monnaies du monde entier furent ébranlées par la décision américaine d'août 1971 de mettre fin à la discipline des taux de change, les pays européens avaient un choix :
– ou laisser flotter librement leurs taux de change ;
– ou former, entre eux, une zone de stabilité monétaire.

Le choix – en faveur de la seconde formule – fut remarquablement unanime et rapide. Les Européens se fixèrent leurs propres règles de change trois mois après les accords du Smithsonian du 18 décembre 1971 qui avaient entériné la dévaluation du dollar, la fin de sa convertibilité en or et l'élargissement (de 1 à 2,25 %) des marges de fluctuation. De fait, il fut décidé par le Conseil des ministres européen du 21 mars 1972, suivi par les banques centrales réunies à Bâle le 10 avril, que la France, l'Allemagne, l'Italie et le Benelux respecteraient désormais une marge de fluctuation de 2,25 % entre leurs monnaies avec une limite à 4,5 % pour le dollar. C'était la naissance du « serpent monétaire européen[1] ». Les autres monnaies (Royaume-Uni, Irlande, Danemark et Norvège) suivirent en mai. Cependant, en raison de la spéculation qui sévissait sur les marchés, elles furent forcées, avec la lire, de quitter le serpent dès juin 1972.

On connaît l'histoire mouvementée du serpent européen : elle fut riche de crises, de chocs, de sorties forcées, suivies de retours et d'ajustements monétaires.

Ce système monétaire était, par définition, instable dans la mesure où les conditions économiques de base et, en particulier, l'inflation, divergeaient de pays à pays. Les tensions succédaient donc aux tensions et les monnaies les plus faibles devaient quitter le serpent pour le réintégrer parfois lorsque la crise s'était apaisée.

Le quadruplement du prix du pétrole à la fin de 1973 n'avait fait qu'amplifier l'instabilité monétaire. En effet, la hausse frappait différemment chacun des pays qui, de plus, réagissaient à la crise de façon diversifiée.

1. Ce mécanisme avait pour objectif de réduire les écarts de change entre les différentes monnaies des États de la CEE et de respecter, avec le dollar, un taux de marge de fluctuation plus large (le « serpent » évoluait ainsi dans le « tunnel »).

L'inflation des produits manufacturés atteignait 20 % en France et les balances commerciales de nombre des pays de la Communauté étaient désormais en déficit. Mais l'Allemagne était en excédent et parvenait mieux à maîtriser l'inflation.

Du fait de cette hétérogénéité, le serpent était voué à la dislocation. Après la sortie du Royaume-Uni, de l'Irlande et de l'Italie, ce fut le tour de la France en janvier 1974[2].

Mais, malgré ces vicissitudes, le système survécut, grâce à la conviction et à la vision du président Giscard d'Estaing et du chancelier Helmut Schmidt.

De fait, le 13 mars 1979, naissait le Système monétaire européen (SME), qui institutionnalisait les marges de fluctuation intra-européennes et prévoyait des dispositifs de solidarité en cas de tension (« Fonds européen de coopération monétaire »).

Douze ans après, cet arrangement allait se transformer en la création d'une monnaie commune : l'euro.

On peut dire que, face au désordre monétaire généralisé, dont on a vu les conséquences mondiales au chapitre IV, l'Europe avait réussi à créer une zone de relative stabilité des changes – une sorte de Bretton Woods régional à neuf États.

Mais le scepticisme continuait de régner sur les marchés…

2. Après être sorti du système en janvier 1974, le franc y rentra au printemps 1975. Mais, un an après, en mars 1976, il fut contraint de sortir à nouveau.

La grande spéculation 1992-1993 vaincue

Comment la grande spéculation de 1992-1993, qui faillit faire échouer le projet d'Union monétaire, fut, en fin de compte, vaincue.

On tend à perdre le souvenir de ce que furent les chocs spéculatifs du début des années 1990.

Après le rapport du Comité Delors, publié au printemps de 1989, la négociation intergouvernementale devait aboutir au traité de Maastricht en février 1992.

Les négociations allaient bon train. Mais la convergence des politiques économiques était le point faible du dispositif. Il y eut, certes, de la part des candidats à l'union monétaire, un effort pour respecter les « critères de Maastricht » en matière de déficit budgétaire (3 % du PIB au maximum) et d'endettement public (limite de 60 % du PIB).

Mais les marchés étaient loin d'être convaincus de la réussite du projet de Maastricht et la spéculation se déchaîna après le « non » du référendum danois de juin 1992. L'Europe réagit en annonçant le 14 septembre un réalignement comportant une dévaluation de la livre sterling et de la lire ainsi qu'une baisse d'un demi-point du taux d'escompte allemand.

Dès le lendemain de cet arrangement, la spéculation reprenait contre la livre et la lire, ainsi que la couronne suédoise. La livre sterling et la lire durent sortir du SME, suivies par la peseta, l'escudo et la livre irlandaise.

La sortie de la livre sterling, le 16 septembre 1992, le fameux « mercredi noir », fut particulièrement traumatisante et scella pour l'avenir le maintien de l'indépendance monétaire de la Grande-Bretagne.

Le chancelier Lamont, qui avait honnêtement joué la carte de la coopération monétaire européenne, connut là une rude et humiliante expérience (28 milliards de dollars de pertes de réserves en un jour !).

Le président de la Bundesbank, M. Schlesinger, avait, du reste, contribué à déclencher la vague spéculative du 16 septembre en tenant des propos qui se révélèrent imprudents sur la nécessité, à ses yeux, de procéder à un réalignement de plus grande envergure (c'est-à-dire, avait-on compris, incluant la livre sterling) que celui, limité à la lire, dont on parlait alors.

Malgré l'ampleur des mouvements de capitaux en jeu, le franc parvint à résister à la spéculation – dont l'appétit fut aiguisé par la modestie du « oui » au référendum français du 20 septembre 1992[3] – et à se maintenir dans les marges du SME.

Les prévisions des analystes de marché étaient pourtant massivement en faveur d'une sortie du franc.

Notre pays a, certes, bénéficié d'un soutien sans faille de la Bundesbank. Mais ce fait ne suffit pas à expliquer, à lui seul, la résistance du franc.

À la base de cette fermeté, il y avait les « fondamentaux ». Et, une fois n'est pas coutume, ces fondamentaux étaient favorables à notre pays :

– l'inflation française était basse et même un peu inférieure à celle de l'Allemagne ;

3. 51,04 % de oui.

– la position budgétaire de notre pays était proche de l'équilibre, alors que l'Allemagne était sur le point de s'embarquer sur une politique de déficits publics massifs pour mener à bien la réunification du pays.

Il résultait de cette situation que le taux de change entre le Deutsche Mark et le franc français ne constituait pas un « problème ».

Nos exportations étaient compétitives et notre taux de change était approprié : aucune voix ne s'élevait, du reste, dans les milieux des entreprises exportatrices, pour réclamer une dévaluation de notre monnaie.

Il convient de noter que cette situation était très différente de celle de la livre sterling. La livre était entrée dans le SME en octobre 1990 à un taux de change surévalué selon les estimations du marché à l'époque.

Je n'ai jamais compris pourquoi les autorités britanniques avaient insisté sur un tel taux d'entrée, taux dont le Royaume-Uni refusa même de discuter avec ses partenaires du SME, alors que c'était l'usage.

Tout le monde savait, pourtant, que la politique monétaire allemande allait se durcir en raison de la réunification et des transferts budgétaires vers les Länder de l'Est.

Ainsi, la combinaison d'un taux de change surévalué pour la livre et d'une hausse, attendue, des taux d'intérêt allemands (associée, au surplus, à une *baisse* des taux en Grande-Bretagne) était fatale. La spéculation allait, évidemment, se saisir d'une contradiction dont la résolution ne pouvait que passer par la dévaluation de la livre sterling et/ou sa sortie du SME.

Comment les autorités monétaires françaises parvinrent-elles à vaincre la spéculation contre le franc ?

L'histoire de cette crise de 1992-1993 est bien connue[4]. Je la résumerai ici à ma manière.

La stratégie suivie était simple et nous ne nous en sommes jamais départis. Étant donné le bien-fondé du taux de change du franc et du Deutsche Mark, la France était prête à le défendre en conservant des taux d'intérêt plus élevés qu'en Allemagne et même en accroissant le différentiel si la crise l'exigeait. Les hausses du taux directeur que nous avons décidées pendant ces mois d'intense spéculation étaient la manifestation de la « contribution » de la France à l'effort commun des deux pays. Cette contribution, de la part d'un pays comme le nôtre, dont l'inflation et la croissance étaient faibles, représentait un effort substantiel.

Mais c'était la preuve de la solidité de notre engagement et cela entraînait aussi un coût non négligeable pour la spéculation. Ce que nous voulions, c'était que le marché considère la Bundesbank et la Banque de France comme totalement alignées sur le même objectif. D'où notre insistance à souligner :

– le bien-fondé et l'immutabilité du taux de change entre le franc français et le Deutsche Mark ;
– le caractère pratiquement illimité du soutien apporté par la Bundesbank.

Le résultat recherché – et finalement obtenu – était que les spéculateurs finiraient par réaliser que ce n'était pas le franc qu'ils attaquaient mais le Deutsche Mark.

Les montants du soutien de la Bundesbank furent considérables : 29 milliards de Deutsche Marks de

4. Voir, par exemple, Larosière J. de, *50 ans de crises financières*, Odile Jacob, 2016.

facilities swaps furent consentis à la Banque de France à l'automne 1992[5].

Ce drame s'acheva le 13 août 1993 après une nouvelle vague de spéculation. Nous décidâmes alors d'élargir les marges de fluctuation de 2,25 à 15 % afin de déstabiliser les marchés. Comme tout le monde savait que le taux de change franco-allemand était correct en termes économiques, il devenait impossible à la spéculation de pousser le franc à se déprécier de 15 %. De ce point de vue, le marché aurait bien préféré un réalignement de 5 à 7 %. Mais quand ces calculs furent déjoués, les positions se dénouèrent et le taux de change se stabilisa très vite pour retrouver sa position initiale.

*

Il y a une morale dans cette histoire :

– la stabilité du taux de change peut être défendue et prévaloir ;
– pour peu que les fondamentaux soient en ligne.

Il faut évidemment ajouter, pour bien comprendre la différence fondamentale avec la situation de la Grande-Bretagne, que le président Mitterrand et le chancelier Kohl s'étaient personnellement engagés sur un projet d'alliance politique de grande envergure qui devait aboutir, sept ans après, à l'Union monétaire. Un tel projet, alors dans sa phase préliminaire, méritait, à l'évidence, un soutien sans faille.

---

5. Le 23 septembre 1992, les réserves nettes négatives de la Banque de France avaient atteint –15 milliards de dollars.

Il reste que la politique économique allemande (combinant déficits budgétaires et rigueur monétaire) avait contribué à sérieusement pénaliser la France, où la faible inflation et le chômage auraient justifié une orientation monétaire beaucoup plus souple.

*

Mes amis britanniques me posent parfois la question : « Qui a eu raison ? La France de rester dans le SME ou la Grande-Bretagne de le quitter ? »

La réponse me paraît devoir prendre en compte les éléments suivants :

– une sortie du franc en août 1993 aurait eu des conséquences majeures : elle aurait très vraisemblablement mis fin au projet d'Union monétaire ;
– car, en réalité, ce n'était pas le franc qui était en jeu en 1992-1993, mais le projet monétaire européen.

En fait, la sortie de la livre en septembre 1992 a sans doute accéléré la mise en œuvre de ce projet européen. Tous les États membres de l'Europe ont alors réalisé qu'une spéculation massive pourrait toujours menacer le SME, et que la création d'une monnaie unique européenne se substituant à toutes les autres était la seule manière radicale d'éviter de telles crises.

En ce qui le concerne, le Royaume-Uni – contrairement à la France – ne s'était pas engagé dans le projet d'Union monétaire européenne et, à ce titre, n'a pas envisagé de « lutter jusqu'au bout » pour se maintenir dans le SME. L'adhésion à ce mécanisme était surtout, vue par les Britanniques, comme un moyen de lutter contre l'inflation. Mais l'idée de défendre le taux de change de la livre au prix de hausses de taux d'intérêt domestiques qui auraient risqué de déstabiliser le marché des prêts hypothécaires, aurait été, de l'aveu des Anglais eux-mêmes, difficile à concevoir et à justifier.

De fait, la Grande-Bretagne capitalisa plus tard sur sa sortie du SME, sur la faiblesse de la livre qui s'ensuivit et sur la « modération » de l'inflation qui commençait à prévaloir dans le monde.

La France, dont l'économie est plus inflexible que celle de la Grande-Bretagne, pouvait penser, pour sa part, que le SME et, plus tard, la monnaie unique l'aideraient à engager les réformes structurelles nécessaires pour améliorer la convergence de son économie avec l'Allemagne.

Mais c'est ici que les choses ont commencé à dévier...

2000-2010 : une phase, inexplicable, de divergences économiques

L'Union monétaire commença sous de mauvais auspices.

Dès sa mise en œuvre en 2000, les politiques économiques des pays membres de l'Union se mirent à diverger aussi bien en Allemagne et en France que dans le sud de l'Europe.

L'Allemagne et la France – dont les déficits budgétaires étaient incompatibles avec les critères de Maastricht – firent pression au début des années 2000 pour se faire exempter des règles du Pacte de stabilité et de croissance. Ce mauvais exemple ouvrait la porte à la contagion de l'Europe périphérique.

De fait, les coûts de production chez les États périphériques et en France connurent un dynamisme beaucoup plus prononcé que dans les pays du « Nord » (Allemagne, Benelux, Autriche). L'octroi de crédits (notamment hypothécaires) dans le sud de l'Europe (et en Irlande) s'emballa, et les prix de l'immobilier montèrent en flèche.

Quant aux déficits budgétaires, ils se creusèrent dans la périphérie.

En d'autres termes, loin de converger – ce qui aurait été dans la logique d'une Union monétaire en devenir – les économies de l'Union se différenciaient de jour en jour.

Graphique IX.1. L'Union monétaire a aggravé les déséquilibres entre États membres

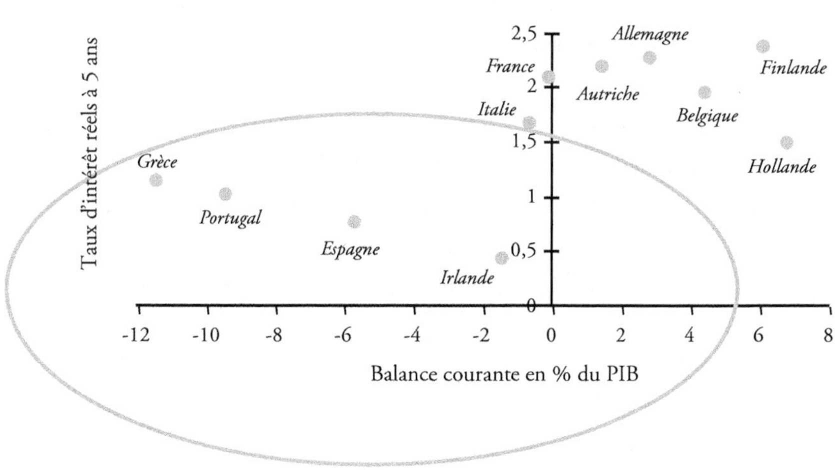

Source : Eurostat.

Les taux d'intérêt réels très bas dans la périphérie ont contribué à l'expansion du crédit et des déficits extérieurs.

Il en résulta que l'inflation des pays de la périphérie en surchauffe s'éleva. Mais comme dans une zone monétaire il n'y a qu'un seul taux d'intérêt directeur, il s'ensuivit que les taux d'intérêt réels (défalqués de l'inflation) de la périphérie étaient plus bas que dans les pays du Nord (graphique IX.1).

Le résultat fut d'accroître les incitations à emprunter dans les pays du Sud. Le taux d'intérêt de la BCE se révélait inadéquat pour des pays où la demande et le crédit s'envolaient.

L'un des moyens pour corriger cette imperfection aurait été de mettre en place des politiques compensatoires qui restreignent le crédit dans les pays où l'emballement monétaire menace, et d'encourager les pays où les taux d'inflation sont inférieurs à la moyenne à développer la demande intérieure. C'est ce qu'on appelle la gestion macroéconomique différenciée.

Mais rien ne fut fait en ce sens. Les hétérogénéités se creusèrent donc.

On considère, à cet égard, que de 2000 à 2010 :

– les coûts unitaires de main-d'œuvre ont progressé annuellement en moyenne de 0,4 % en Allemagne, alors que les chiffres correspondants ont été de 3 % pour la Grèce et de 2,7 % pour l'Espagne et l'Italie ;
– les déficits de balance des paiements courants se sont accrus dans le Sud (jusqu'à – 12 % du PIB en Grèce et à – 8,7 % en Espagne), alors que le Nord connaissait des excédents (dépassant parfois + 5 % du PIB : Allemagne : + 5,7 %).

Les ajustements de charge étant, par définition, impossibles dans une Union monétaire, de tels écarts de balances courantes auraient dû normalement déstabiliser les marchés financiers et se traduire par des taux d'intérêt plus élevés dans les pays en surchauffe.

Il n'en fut rien : de 2000 à 2009 les États périphériques purent émettre des titres souverains au même niveau de taux d'intérêt que l'Allemagne, en dépit de leurs déséquilibres économiques. Ce ne fut qu'après 2009 (graphique IX.2) que les marchés commencèrent à discriminer les signatures et que les taux montèrent fortement dans la périphérie, d'où la crise des « souverains » de l'euro de 2010. C'était comme si les marchés n'avaient pas cru en la règle du « non-renflouement »

Graphique IX.2. L'Union monétaire a contribué à « endormir » les marchés pendant dix ans. Évolution des taux souverains à dix ans (en %)

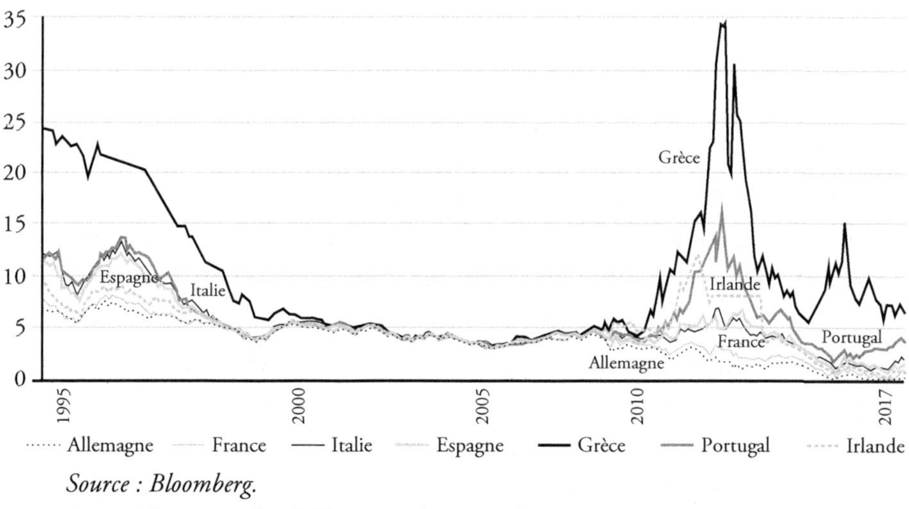

Source : Bloomberg.

Après dix ans d'indifférence, les marchés ont commencé, à partir de 2009, avec la crise grecque, à discriminer entre les signatures souveraines, ce qui a produit la crise de 2010. Cette hétérogénéité des taux diminue depuis 2012-2013.

(*no bail out*) qui est, pourtant, au cœur de la construction de Maastricht et s'étaient réveillés avec dix ans de retard...

Je me permets ici une digression.

L'Union monétaire, telle que réalisée par le traité de Maastricht, n'a pas été conçue comme une communauté destinée à égaliser les diversités structurelles des États membres. Cela aurait pu être imaginé. Mais, en l'occurrence, cette possibilité a été écartée dès l'origine.

La règle du *no bail out* (« pas de renflouement ») est, de fait, au cœur de l'architecture de l'Union. Cette dernière accorde, certes, des aides pour faciliter le « rattrapage » des niveaux de vie différenciés à travers le continent. Mais cette assistance (sous forme notamment de fonds structurels) n'est pas destinée à compenser par des transferts publics permanents des faiblesses de compétitivité lorsque celles-ci sont dues à des rigidités auxquelles les États tarderaient à porter remède.

Il en résulte que chaque État membre est censé être responsable de ses propres décisions en matière de réformes structurelles, de telle sorte que l'Union réalise un minimum indispensable de cohésion européenne.

Des écarts de niveaux de vie – dus, en particulier, aux rapports des potentiels de croissance, aux différences de productivité et aux avantages naturels respectifs – sont évidemment inévitables dans une zone à forte hétérogénéité économique comme celle de l'Union européenne. Mais le concept retenu a écarté l'idée d'égaliser systématiquement les différences de revenus par voie de transferts publics.

En d'autres termes, en cas de divergences fondamentales (en matière fiscale ou structurelle) il est du devoir de chaque État membre de mettre en œuvre des mesures correctives pour atténuer les disparités concurrentielles les plus manifestes (par exemple en matière d'évolution de structures de coûts salariaux, comme ce fut le cas entre 2000 et 2010).

Un système en cours de réparation, mais encore en quête d'équilibre

Avec retard, et après cette décennie perdue en divergences, le système s'est sensiblement amélioré depuis les années 2010 et la crise des dettes souveraines.

Ainsi, les évolutions de coûts salariaux se sont harmonisées (en France, ces coûts sont entrés dans une phase de modération qui commence à permettre à notre pays de retrouver une meilleure compétitivité-coûts, encore que le déséquilibre cumulé avec l'Allemagne ne soit pas encore effacé).

Ainsi, les pays périphériques ont tous amélioré leurs comptes publics ainsi que leur croissance (graphiques IX.3 et IX.4).

Ainsi, l'Espagne – malgré l'existence d'un chômage très élevé – a retrouvé un taux de croissance et un niveau d'exportations remarquables.

Ainsi, les balances des transactions courantes – qui donnent une idée des compétitivités relatives – sont devenues plus cohérentes.

Graphique IX.3. Les comptes publics de la périphérie se sont considérablement améliorés depuis 2009 (en % du PIB, soldes budgétaires)

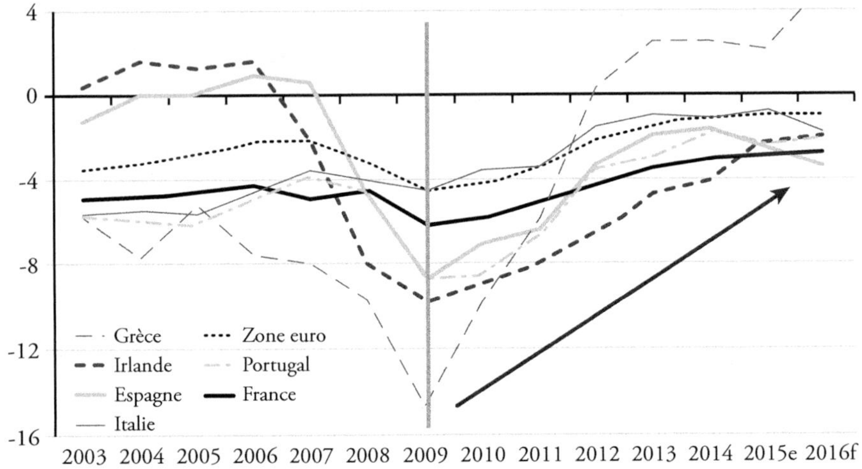

Graphique IX.4. La croissance économique a repris, notamment dans les pays périphériques

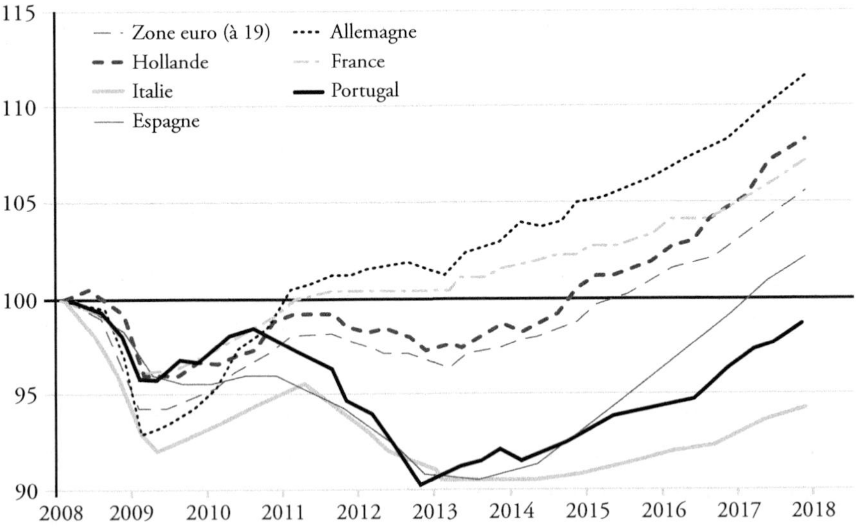

Balances des transactions courantes en % du PIB

	2000	2006	2009	2016	2017
Allemagne	- 1,7 %	+ 5,7 %	+ 5,7 %	+ 8,3 %	
France	+ 1,2 %	0	- 0,8 %	- 0,9 %	
Espagne	- 2,9 %	- 8,7 %	- 4,6 %	+ 1,9 %	
Italie	- 0,1 %	- 2,5 %	- 1,8 %	+ 2,7 %	
Irlande	–	- 5,4 %	- 5,6 %	+ 3,9 %	+ 2,5 %
Grèce	- 3,4 % (- 6,8 % en 2002)	- 10,8 %	- 12,3 %	+ 2 %	
Zone euro	- 0,5 %	- 0,2 %	- 0,2 %	+ 3,9 %	

Source : OCDE.

Le tableau ci-dessus montre, à partir de situations conjoncturelles et de compétitivité très disparates en 2006-2009 – marquées par des déficits courants considérables et insoutenables chez les pays périphériques – que la zone euro est devenue plus cohérente.

De fait, en 2016-2017, tous les pays de l'Union monétaire – sauf la France – ont regagné l'équilibre de leurs paiements courants.

On m'objectera que cette amélioration n'a pu se produire qu'à la faveur d'une politique d'« austérité » qui frappe particulièrement les pays à chômage élevé (comme l'Espagne).

La réponse me semble tenir en deux points.

• En premier lieu, il convient de relativiser la notion d'« austérité budgétaire » : en gros, la dépense publique a été réduite dans les pays périphériques au niveau atteint avant la crise de 2007-2008, niveau déjà substantiel. Au demeurant, la soutenabilité de la dette dans certains de ces pays est encore problématique. Il en résulte qu'indépendamment de l'existence même de la zone euro, une correction budgétaire aurait, de toute façon, été indispensable.

• En second lieu, le vrai défi de l'Union monétaire me paraît dépasser – et de loin – le problème budgétaire.

Tant que les gains de productivité dans le sud de l'Europe sont inférieurs à ceux du nord (ce qui est le cas), il n'existe aucun moyen – quel que soit le cadre monétaire retenu – d'isoler et de « protéger » intégralement les revenus du Sud. En réalité, la seule solution favorable à la croissance devrait emprunter un double chemin :

- accepter une certaine modération des salaires dans le Sud tout en engageant des réformes structurelles indispensables ;
- parfaire l'Union des capitaux. Ce point est important.

La solution américaine éclaire, à cet égard, la question. Aux États-Unis, contrairement à l'Europe, l'Union monétaire fonctionne en grande partie parce que le marché financier joue un rôle important dans la solution des déséquilibres économiques entre régions. Les « excès » de capital se dirigent librement vers les zones en quête d'investissement. Certes, le budget fédéral des États-Unis, avec ses « stabilisateurs automatiques », aide à résoudre les déséquilibres provenant de chocs asymétriques et, de ce point de vue, l'Europe fonctionnerait mieux avec un budget fédéral quelque peu augmenté à la mesure des problèmes. Mais l'essentiel de l'ajustement (environ 80 %) se fait aux États-Unis par le jeu du marché[6].

6. On ne peut complètement appliquer à l'Europe le modèle américain, qui fonctionne d'autant mieux que la part du marché dans le financement de l'économie est significativement plus élevée (environ 3 fois) qu'en Europe. Raison de plus pour explorer les ajustements « fiscaux ».

En Europe, la situation est très différente : 20 % seulement des chocs sont absorbés (essentiellement par des mouvements de capitaux). Ce qui veut dire que les pays de la zone euro les plus affectés par des chocs économiques sont laissés à eux-mêmes à hauteur de 80 % du problème (4 fois plus qu'aux États-Unis). Les graphiques IX.5 et IX.6 ci-dessous illustrent ces différences des deux côtés de l'Atlantique.

D'où l'importance de favoriser un marché actif des capitaux où l'épargne excédentaire du Nord trouverait le chemin des investissements dans le Sud. Cet effort de mobilité des flux de capitaux devrait être encouragé par la création d'un fonds de redistribution de l'épargne[7].

Graphique IX.5. Partage des risques liés à la consommation dans la zone euro et ses canaux (en %)

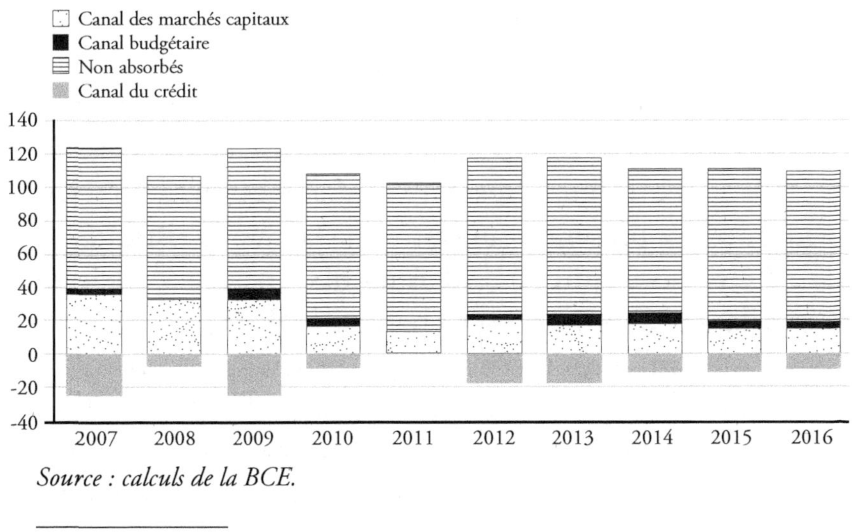

Source : calculs de la BCE.

7. Voir la note de Mayer T., Garnier O., Alphandéry E., Gros D. et Larosière J. de, *Proposal for a European Savings Investment Fund* », Bruxelles Euro 50 Group, 2014.

Graphique IX.6. Partage des risques liés à la consommation aux États-Unis et ses canaux (en %)

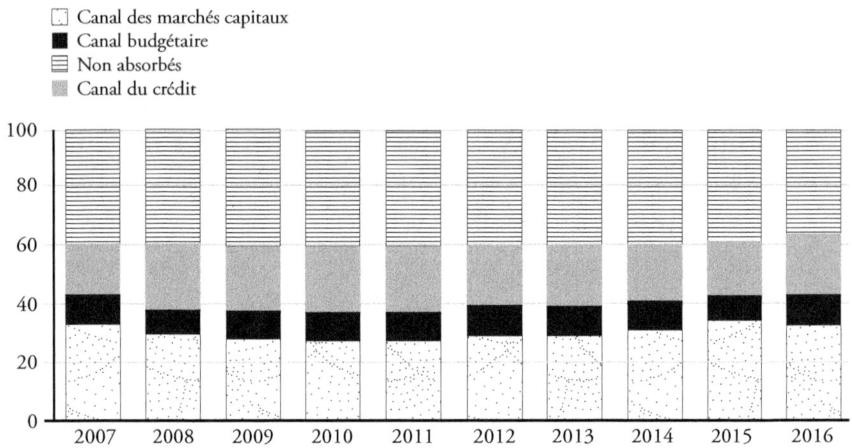

Source : calculs de la BCE.

Où l'on voit que, dans la zone euro, les chocs ne sont absorbés qu'à hauteur d'un cinquième (contre deux tiers aux États-Unis).

La France doit participer activement à ces transformations si elle veut regagner crédibilité et leadership.

Or il faut bien observer qu'elle est le seul pays européen à présenter aujourd'hui la caractéristique :

– d'être constamment, depuis dix ans, en déficit de balance courante (voir chapitre VII) ;
– d'enregistrer un niveau record de dépenses publiques ;
– d'être en déficit primaire (environ – 1,5 % du PIB) ;
– de conserver la palme des prélèvements obligatoires.

Tant que cette situation prévaudra, notre influence sur la cohérence macroéconomique en Europe sera nécessairement limitée.

*

Au total, après dix ans de divergences, le système économique européen devient graduellement plus cohérent. Un effort majeur a été accompli avec la création en 2010 du Mécanisme européen de stabilité doté d'une force de frappe financière de 500 milliards d'euros afin d'aider sous conditions des États en difficulté.

La politique monétaire a également permis de réduire les écarts de taux à l'intérieur de l'Europe au prix, il est vrai, d'inconvénients au regard de la stabilité financière.

Mais le tableau est loin d'être parfait : le surplus courant allemand (près de 9 % du PIB ; 10 % pour les Pays-Bas) reflète une situation de « déséquilibre fondamental » selon la terminologie du FMI.

Les exportations allemandes – fortes en produits haut de gamme – résistent bien à la concurrence mondiale et profitent aussi de la compétitivité additionnelle que leur confère l'euro par rapport à une situation où chaque pays aurait un taux de change d'équilibre[8].

De ce point de vue collectif, l'Allemagne doit s'engager – notamment par un effort d'investissement en matière d'infrastructures, par un soutien de la demande interne

8. Voir l'étude des disparités des taux de change effectifs réels au sein de l'Union monétaire par le CEPII (Gautier G., Vicard V., « Some unpleasant euro arithmetic », *Policy Brief*, janvier 2018, n° 21). L'étude montre que, en termes de taux de change effectifs réels, l'Allemagne « bénéficie » d'une sous-évaluation de près de 20 % comparée au reste de la zone. Étant donné l'impossibilité de changer les taux de change dans l'Union, il faut rééquilibrer les coûts (+ 2 % d'inflation supplémentaire en Allemagne pendant dix ans par rapport au reste de l'Union seraient nécessaires pour corriger le déséquilibre actuel, ce qui apparaît assez irréaliste).

et par l'acceptation de mécanismes de solidarité européenne –, à mettre la partie « anormale » de ses excédents structurels au profit de la croissance globale de l'Union.

Il ne s'agit pas de redistribution fiscale ou d'une « Union de transferts ». Il s'agit de corriger un « déséquilibre fondamental » qui risque de mettre en péril la survie de l'Union si rien n'est fait pour y remédier.

On ne peut, en effet, attendre des pays du Sud – qui ont atteint l'équilibre de leurs comptes courants et sont proches de l'équilibre budgétaire – qu'ils soient les seuls à ajuster indéfiniment leurs revenus à la baisse pour pallier les conséquences des excédents croissants des pays du Nord.

Il est temps de mettre en œuvre un mécanisme d'ajustement *symétrique* par lequel les excédents structurels seront ajustés au même titre que les déficits. Les pays durablement excédentaires devraient modifier leur politique économique en acceptant notamment d'augmenter leurs investissements en infrastructures et d'encourager un certain glissement salarial.

La résistance à des formes nouvelles de solidarité ne pourrait que favoriser les réactions hostiles à l'Europe et encourager les populismes qui en menacent la survie.

Il faut impérativement aller de l'avant et rechercher des formes de solidarité raisonnables et adaptées.

On peut citer par exemple :

– la création d'un budget propre à la zone euro ;
– la mise en œuvre de l'assurance garantie-dépôts ;
– l'ouverture d'un compte ouvert (*backstop*) à la disposition du Fonds de résolution bancaire ;

– la création d'un Fonds monétaire européen qui puisse fonctionner comme une entité de droit communautaire et non comme un organisme intergouvernemental soumis à la règle de l'unanimité (comme aujourd'hui dans le cas du Mécanisme européen de stabilité).

Si cet effort n'est pas entrepris rapidement, la montée des populismes est à craindre.

Il est paradoxal de voir l'électorat italien rechercher la voie du salut dans le nationalisme monétaire. En effet, les dévaluations qui suivraient la sortie de l'euro ne feraient qu'appauvrir les populations en cause.

*

De cet effort dépendra la survie de l'Union.

C'est à ce prix que l'Union pourra devenir un facteur de stabilité et de croissance, et qu'elle apparaîtra, dans un monde de plus en plus menacé par le nationalisme, comme une zone ouverte, attractive et où la solidarité entre les membres deviendra plus manifeste.

Préjugé 10
« Le principe comptable de la “valeur de marché”
est la seule manière de retracer fidèlement
les données financières »

CHAPITRE X

Où l'on voit que les normes comptables peuvent, parfois, obscurcir la réalité et conduire à des aberrations

La comptabilité a toujours eu pour objet de recueillir, de retracer et de synthétiser les données chiffrées d'une entité – quelle qu'elle soit – de façon claire, neutre et transparente, afin de fournir aux tiers les éléments objectifs qui permettent d'évaluer la situation patrimoniale ainsi que les résultats financiers de l'entité en question.

Cette définition est exigeante : elle requiert de la comptabilité à la fois clarté, exactitude et aptitude à rendre compte de la réalité d'une situation et d'une activité sans chercher à les influencer ou à les distordre.

*

Pendant des siècles, les systèmes comptables ainsi que les principes qui les fondent ont relevé de la compétence nationale.

Mais avec la mondialisation, l'intégration des marchés de capitaux et la place croissante des grandes sociétés transnationales, on a réalisé qu'il fallait harmoniser les règles comptables afin d'assurer aux investisseurs – devenus globaux – une vision homogène et cohérente de la situation et de l'activité économique des grands groupes mondiaux.

De même que la réglementation bancaire s'unifiait (sous l'impulsion du Comité de Bâle créé en 1974), de même la communauté financière internationale s'est attachée, surtout depuis le début des années 2000, à créer un référentiel comptable unique pour les sociétés cotées[1].

C'est ainsi que l'Union européenne a unifié les règles comptables applicables à ses sociétés cotées en adoptant, en 2002, les IFRS (International Financial Reporting Standards), pour une première application en 2005.

On doit, cependant, observer que les États-Unis ont conservé leurs normes propres (US GAAP : United States Generally Accepted Accounting Principles) qui comportent un certain nombre de différences par rapport aux normes IFRS. En fait, ces dernières se sont largement inspirées des principes comptables anglo-saxons.

L'histoire de ce rapprochement de l'Europe et des modèles anglo-saxons est instructive. Dès 1973, les États-Unis ont été à l'origine de la création de l'International

1. On se souvient des scandales financiers du début des années 2000 avec Enron, WorldCom, etc.

Accounting Standards Committee (IASC) qui est devenu, de fait, depuis le début des années 1980, le normalisateur comptable international. En 1990, la Commission européenne occupait un siège d'observateur au sein de l'IASC. Ce dernier organisme devenait en 2001 l'IASB (International Accounting Standards Board). De 2002 à 2004, l'Union européenne, dans le cadre de son programme de modernisation des marchés financiers, s'est interdit de modifier la quasi-totalité des normes internationales de l'IASB.

Il convient de noter le rôle central joué par cet organisme privé, composé en grande majorité d'Anglo-Saxons et dépendant, financièrement, d'une fondation de droit américain. On peut se poser la question de la légitimité d'un tel *board* pour élaborer les normes de l'industrie européenne.

Mais là n'est pas le problème essentiel.

Comme dans toutes les affaires techniques « le diable est dans les détails ».

Deux aspects des nouvelles normes comptables présentent pour l'Europe des difficultés fondamentales auxquelles on n'a prêté qu'une attention insuffisante bien qu'elles aient joué un rôle significatif dans la genèse de la crise.

Ces difficultés concernent le secteur bancaire et celui des assurances.

Le secteur bancaire

Il faut rappeler, tout d'abord, que l'intermédiation bancaire constitue l'essentiel (environ les trois quarts) du financement de l'économie européenne. Cela provient de l'histoire et du rôle prépondérant joué par les banques dans notre développement depuis des siècles.

À l'opposé, les États-Unis se financent aux trois quarts par les marchés financiers, et seulement marginalement par le système bancaire.

Il est donc explicable que les normes comptables anglo-saxonnes aient été fortement influencées par l'existence des deux plus grands marchés financiers du monde (New York et Londres) et par le rôle majeur qu'ils jouent dans le financement de l'économie outre-Atlantique, à quoi on peut ajouter la suspicion dont les grandes banques américaines faisaient l'objet dans le public et chez les régulateurs depuis la Grande Dépression.

Mais vouloir plaquer sur l'Europe un système comptable créé aux États-Unis et adapté aux caractéristiques américaines pouvait poser problème.

Il faut souligner, à cet égard, qu'au cœur des normes internationales forgées par l'IASB, se trouve la notion de « juste valeur de marché » (*fair market value*). Selon ce principe, les valeurs au bilan (actif et passif) doivent être comptabilisées en valeur de marché (*mark to market*), c'est-à-dire en fonction de l'évolution quotidienne des prix sur les marchés.

Il est naturel qu'un pays comme les États-Unis ait adopté ce principe de longue date. Aux États-Unis, les banques détiennent en effet, dans leur bilan, une proportion importante de titres financiers, soit pour le compte de leurs clients soit surtout pour leur compte propre. C'est, du reste, cette densité d'opérations de marchés qui a été à l'origine de la crise des banques américaines en 2007-2008. Quant aux banques du continent européen, elles étaient, sauf exception, beaucoup moins engagées sur les marchés : elles pratiquaient peu d'opérations pour compte propre et, quand elles détenaient des titres, elles avaient tendance à les conserver durablement.

Poussée trop loin, cette règle du *mark to market* présente deux séries d'inconvénients qui étaient susceptibles d'affecter particulièrement les banques européennes.

L'imperfection tenant aux incertitudes sur l'existence même d'un marché

Ainsi, les crédits accordés par les banques – part essentielle de leurs bilans – n'ont le plus souvent aucune valeur de marché. Sauf cas de titrisation – exceptionnel en Europe – les crédits ne font pas l'objet de transactions et ne donnent donc pas lieu à la détermination d'un prix de marché.

Force est donc, pour l'Europe, de recourir au bon sens et à la tradition : les crédits sont enregistrés comptablement à la valeur contractuelle historique et provisionnés en cas de défaut de paiement (la perte définitive étant, le cas échéant, constatée au niveau du compte de résultat dans l'hypothèse d'un défaut).

Depuis le 1er janvier 2018, avec l'adoption et l'application d'une nouvelle norme sur les instruments financiers

(IFRS 9), une modification a été introduite. Elle tend à faire provisionner les risques sur crédit bancaire, ou tout autre instrument de dette, non pas en fonction des défauts constatés mais en fonction du risque de défaut attendu dans les douze mois à venir ainsi que pour les crédits dont l'appréciation s'est dégradée, du risque de défaut dans la période restant à courir jusqu'à leur échéance.

Mais, même lorsqu'il s'agit de titres cotés en Bourse (obligations, actions) ou d'actifs faisant l'objet de transactions sur les marchés (immeubles, matières premières), il n'est pas toujours possible, en période de crise ou de crash, de trouver des prix de marché représentatifs de la valeur des biens. Le cas des immeubles qui, à certains moments, ont vu leurs prix se déprécier rapidement et au-delà de leur valeur résiduelle évidente, vient à l'esprit de ceux qui ont connu la crise immobilière des locaux commerciaux du début des années 1990. Comment remédier à un marché qui se dérobe ? En recourant à des « modèles » qui tentent de donner une valeur raisonnable à des actifs emportés par la crise. C'est-à-dire en niant le principe même de la *fair market value*…

L'imperfection tenant à la procyclicalité de la méthode

En période d'exubérance, les valeurs de marché ont tendance à monter, parfois démesurément. Il s'ensuit – dans un système de *mark to market* – que le bilan et les comptes de résultat des sociétés – et particulièrement des banques – se gonflent artificiellement sous l'influence de l'emballement du cycle. De ce fait, les acteurs de l'économie se sentent plus riches et ont tendance à investir et consommer toujours davantage, ce qui pousse encore à la hausse des cours. Cette phase ascendante, amplifiée par la comptabilisation en valeur de marché, rassure les entreprises comme les superviseurs. En effet, on a le sentiment que les affaires vont bien…

Mais quand le cycle se retourne, que les prix commencent à baisser, et que survient la crise, les agents trop endettés se précipitent pour vendre leurs actifs et aggravent de ce fait la chute des cours. La comptabilité en valeur de marché est donc « procyclique » : trop allante dans la phase ascendante, trop pessimiste en phase de récession.

En raison de ces imperfections, les banques et les dirigeants européens ont réagi aux projets de *full fair market value* de l'IASB et de la communauté des principaux normalisateurs comptables dans le monde et ont pu, de justesse, éviter l'irréparable.

Un compromis raisonnable a été dégagé en 2002 (IAS 39). Les opérations de pur marché (le *trading book*) ainsi que les titres détenus par les banques pour être vendus (*available for sale*), doivent être enregistrés à leur valeur de marché. Il est cohérent, en effet, de valoriser selon cette méthode les actifs destinés à des transactions à court terme sur les marchés.

En revanche, pour les crédits et les titres qui sont destinés à demeurer au bilan des banques jusqu'à leur échéance parce qu'ils font partie d'une stratégie de financement de l'économie réelle, de relation durable avec la clientèle ou d'investissement à long terme, l'Europe a obtenu de les comptabiliser à leur coût historique amorti (étant entendu que les incidents de paiement observés au fil du temps sur les titres de dettes font l'objet de provisions et que, en cas de défaut à l'échéance, les pertes éventuelles sont reconnues et enregistrées au compte de résultat).

L'application d'IFRS 9 à ces catégories d'actifs depuis le 1er janvier 2018 conduit à les provisionner non plus en fonction du risque couru mais selon le principe du risque attendu (*expected loss*) dès lors qu'une dégradation est observée dans la qualité de crédit de l'émetteur (d'un titre de taux d'intérêt) ou de l'emprunteur. Deux observations peuvent en être tirées : la première est que l'application de ce nouveau principe rapproche l'évaluation de ces actifs d'une valeur de marché (*fair value*) pour la composante risque de crédit, contribuant à la formation de cette valeur.

La seconde observation est que le principe nouvellement appliqué est éminemment procyclique. En effet dès lors qu'une détérioration de la situation économique s'amorcera ou sera perçue dans un environnement donné, la conséquence en sera la migration du rating des émetteurs et emprunteurs vers des notes plus basses, et de ce fait la constitution de provisions, cela même si la solvabilité ou la capacité de remboursement de ces agents économiques n'est pas contestée.

En outre l'augmentation du besoin de provisionnement selon ce nouveau principe aura pour périmètre l'ensemble des portefeuilles de crédits et de titres conservés durablement et figurant à une date donnée au bilan d'une banque.

Il en résultera un provisionnement massif parce que n'affectant pas seulement quelques emprunteurs ou émetteurs en difficulté. On peut en conclure que l'application de ce nouveau principe devrait se révéler procyclique et contrarier la nécessité de soutenir une économie montrant des risques d'essoufflement ou de difficultés.

En dépit de ces développements récents, il reste que l'Europe avait pu préserver un principe fondamental.

Les règles comptables doivent tenir compte de la réalité du modèle économique et ne pas traiter de la même façon un titre destiné à la vente à tout moment et un titre ou plus généralement un actif constituant un investissement long.

Cette solution de bon sens – obtenue de haute lutte par les Européens contre l'IASB – avait permis, en fait, de traiter « à travers le cycle » les actifs détenus à long terme par les banques sans leur faire subir, en comptabilité, les soubresauts quotidiens des marchés.

Mais si, comme l'IASB l'avait souhaité, on avait appliqué le principe du *full fair market value* à l'ensemble des actifs et des passifs d'un bilan, on aurait abouti :

- à imprimer une volatilité injustifiée à la part stable du bilan et en particulier des portefeuilles bancaires et donc à brouiller la signification des comptes ;
- à pénaliser un modèle bancaire européen qui n'avait pas, dans son ensemble, abusé des spéculations sur titres, à la différence des banques anglo-saxonnes.

Il faut observer que ce débat entre un normalisateur international obnubilé par la croyance en la suprématie de la *fair value* de marché en toutes circonstances et les praticiens de la banque a peu intéressé la profession des économistes. Et pourtant, l'enjeu était de taille.

Le secteur des assurances

Les organismes d'assurances et de retraite ont, en général, des passifs longs (vingt à trente ans). Ce sont les droits à pension ou en capital que les clients peuvent attendre contractuellement de leur assureur en contrepartie de leurs contributions. Il serait donc naturel que l'actif des bilans de ces organismes soit d'une durée moyenne longue, de façon à fournir, dans le temps, une bonne adéquation entre actif et passif des bilans.

Mais c'est sur ce point que les règles édictées, et en particulier celle de la *full fair value*, ont dévié de la simplicité de cet équilibre optimal entre actif et passif.

Si la réglementation s'attache – comme cela a été le cas – à considérer l'actif – évalué en valeur de marché – des bilans des organismes d'assurance-vie et de retraite isolément du passif, et cela dans un horizon très court, elle tend inévitablement à traiter l'actif comme une entité particulière. La tentation est alors grande pour les organes comptables et les régulateurs de considérer les actifs des compagnies d'assurances dans un souci de stabilité « en soi ». Si tel ou tel élément de l'actif apparaît « risqué » (au sens de la volatilité qui pourrait se produire en cas de liquidation immédiate de l'organisme d'assurances), il faudrait alors en décourager la détention en imposant des contraintes de capitaux propres suffisamment élevées.

Ainsi, la réglementation comptable appliquée en Europe aux compagnies d'assurances traite les éléments du bilan à leur *fair value* (valeur de marché instantanée). De plus, la réglementation Solvabilité II a adopté un horizon très court (un an) pour la détermination des risques au bilan.

Les inconvénients de cette méthode appliquée aux assureurs sont patents.

• Le choix de l'« horizon » d'un an amène à majorer la calibration des risques – et des fonds propres réglementés – alors que les sociétés d'assurances sont des organismes de très long terme pour lesquels les variations quotidiennes des marchés n'ont qu'une portée limitée.

• L'obligation de tester sur un an les risques de « valeur de marché » de l'actif du bilan en fonction de tous les scénarios défavorables concevables, amène à désinciter les compagnies d'assurances à détenir des actions. Or ces actifs sont, pourtant, fondamentalement adaptés à la nature des engagements à long terme pris par ces institutions. On peut ajouter que le rôle important de stabilisateur du marché des actions joué traditionnellement par les compagnies d'assurances, disparaît. Pour un pays comme la France qui a besoin avant tout d'*equity*, c'est là un obstacle très grave.

• Le résultat est aussi de concentrer les actifs de ces organismes sur des titres d'État (considérés réglementairement comme « sans risques ») et sur des instruments de dette à relativement court terme.

• Cette méthode introduit donc une grande volatilité dans la comptabilité des actifs des compagnies d'assurances, d'où la nécessité de renforcer d'autant leurs fonds propres.

• Ces règles conduisent, au total, à exagérer les obligations en capitaux propres au détriment des résultats (au prix d'une augmentation des primes payées par les clients).

En d'autres termes, cette méthode comptable, jointe à la directive Solvabilité II, revient à traiter les organismes de retraite et d'assurance-vie comme des banques dont le bilan doit être constamment liquide. Comme si de tels organismes étaient à résoudre à chaque fin de semaine… Les assureurs sont, en quelque sorte, considérés comme des « traders » et non comme des investisseurs à long terme, ce qu'ils sont pourtant.

Les règles comptables et prudentielles ne prennent pas suffisamment en compte le fait que :

– les assurés ont peu de latitude, et guère d'incitations, à exiger le dénouement anticipé de leurs contrats (ce qui serait l'équivalent d'une ruée de déposants bancaires retirant leurs fonds) ; le risque d'illiquidité est donc faible ;
– s'il est vrai qu'en période de taux d'intérêt très bas, une brusque et rapide remontée de taux pourrait être de nature à influer sur leur comportement, ce risque de liquidité est maîtrisé par la capacité des autorités à bloquer temporairement les rachats des assurés (mesures prises dans le cadre de la loi Sapin 2 en France) ;
– les flux de recettes provenant des intérêts, des coupons, des dividendes sur titres détenus à l'actif des bilans des assureurs ainsi que de la collecte des primes leur assurent une bonne liquidité ;

– les risques de « ventes forcées » d'actifs liées à la dépréciation rapide de leur prix sur les marchés sont en outre très faibles, du fait précisément de la stratégie des assureurs quant à la conservation de leurs actifs sur le long terme.

Mais le fait, pour le réglementeur, de considérer le risque d'illiquidité comme *le* danger majeur conduit à une situation lourde de conséquences. La volatilité comptable créée par la règle de la *fair value* oblige les compagnies d'assurances à détenir des montants importants de fonds propres (alors qu'elles vendent peu d'actifs ou, si elles le font, ont le temps de choisir le bon moment).

Les inconvénients de cette situation sont multiples :

– une calibration trop élevée des obligations de fonds propres amène les compagnies d'assurances à répercuter le coût de ces coussins de capital sur les primes au détriment des clients ;

– l'utilisation – requise – d'un taux d'actualisation sans risque pour le calcul de la valeur des engagements au passif du bilan conduit automatiquement à majorer ces engagements et, par conséquent, à une surcharge en obligations de fonds propres. Mais, de façon asymétrique – et contradictoire –, les actifs sont affectés, pour leur part, de coefficients de risque élevés et donc de fortes contraintes en capital.

On voit par cet exemple que les normes comptables, qui se veulent sages et prudentes, peuvent, lorsqu'elles sont associées à des règles prudentielles inadaptées et lorsqu'elles sont appliquées de façon rigide :

– aller à l'encontre du modèle économique des organismes en cause en les traitant comme des institutions qui seraient, à tout instant, soumises à l'aléa de la liquidité – risque de dénonciations de contrats –, ce qui n'apparaît pas plausible ;

– conduire à la détention d'obligations sans risques (pas d'actions), alors que l'on devrait, au contraire, considérer des bilans comme un tout et encourager la détention de titres longs et d'actions pour assurer une bonne adéquation entre actif et passif.

*

Revenant à la définition initiale de la comptabilité, on a vu, par ces deux exemples, qu'avec les meilleures intentions du monde, les réglementations comptables pouvaient, dans certains cas, dépasser l'objectif de la transparence en influençant les modèles économiques d'institutions dont il conviendrait, pourtant, de préserver la cohérence et l'efficacité.

D'une façon générale, la fascination pour la « juste valeur » ne peut qu'alimenter le « court-termisme » et le caractère procyclique des réglementations, qui sont une des plaies de notre temps.
De ce point de vue, c'est un fait que les nouvelles règles comptables ont joué un rôle non négligeable dans la genèse de la crise : elles ont contribué à amplifier le sentiment d'euphorie avant l'éclatement des bulles, tout en accusant la chute des valeurs après le retournement du cycle financier.

Conclusion

Au terme de ce livre, après avoir réfléchi et creusé une dizaine de sujets importants, à divers titres, pour l'avenir de notre société, que penser ?

Trois observations me frappent.

Les fondements objectifs (pour ne pas dire « scientifiques ») d'un certain nombre de « consensus » ou d'idées reçues paraissent fragiles

Ainsi, l'indifférence – quand ce n'est pas de la bienveillance – montrée souvent à l'égard de la montée de l'endettement global ne me semble pas justifiée par l'observation des faits. À partir d'un certain seuil, on constate que l'excès de « levier » présente un coût sérieux et croissant pour la stabilité des marchés financiers et l'avenir des économies nationales. Pourtant, ces graves inconvénients – qui ont failli emporter l'économie mondiale en 2008 – n'ont que rarement fait l'objet de mises en garde.

De même, la création massive de liquidités internationales à laquelle on a assisté depuis plus de trente ans n'a pas donné lieu à l'examen critique et approfondi qu'aurait justifié l'ampleur, extraordinaire, du phénomène. Or l'observation des faits et des « bulles » qui ont été le résultat de cette création monétaire montre à quel point cette « financiarisation » a fragilisé nos économies.

Dans la même perspective, la question de la réforme du système monétaire international reste le domaine de quelques spécialistes mais n'a jamais été élevée au niveau politique. Et pourtant, c'est l'absence de toute forme de discipline en matière de changes depuis 1973 qui est, me semble-t-il, à l'origine du dévoiement de notre système financier mondial.

De même, l'attention limitée portée aux conséquences à long terme de l'existence de taux d'intérêt zéro ou même négatifs apparaît assez inquiétante.

Il est évident que sur tous ces sujets chacun d'entre nous peut avoir sa propre grille de lecture. Il n'y a guère, en ces domaines, de « vérité révélée ».

Mais ce qui continue à m'étonner, c'est que les grands « consensus » professés sur les vertus de l'autocorrection des marchés, de l'aisance monétaire (fût-elle asymétrique), du caractère sacro-saint de la liberté des mouvements de capitaux... ne fassent que très rarement l'objet de remises en question, les « opinions » qui les sous-tendent paraissant admises comme des « vérités ».

Le caractère grégaire et le mimétisme des manifestations de l'« économiquement correct »

La tradition de l'esprit scientifique nous avait appris que toutes les hypothèses peuvent être énoncées à condition qu'elles soient soumises au test de l'expérience et à l'épreuve de l'observation des faits.

Or le quidam visitant les contrées évoquées dans le présent essai ne peut qu'être étonné de l'épaisseur des idées reçues et de la rareté de leur remise en cause. C'est comme si la très grande majorité de la profession des économistes s'était rangée derrière la théorie « officielle ».

L'éclatement, imprévu, de la crise de 2007-2008, la plus grave de notre système économique et financier depuis 1929, jette une lumière très crue sur le caractère grégaire de la pensée dominante.

Ce n'est pas que je dénonce l'incapacité à prévoir. Il me semble que c'est une erreur d'attendre des économistes qu'ils prédisent avec précision les ruptures et les crises. En revanche, le fait de ne pas avoir mis l'accent sur la dangereuse convergence de toute une série de phénomènes structurels aboutissant inévitablement à l'emballement du cycle financier, me semble plus problématique.

On se rappelle ici la pertinente question – restée sans réponse – de la reine d'Angleterre : « Comment a-t-on pu laisser faire tout cela ? »

Étant donné l'importance que revêt l'opinion des économistes – et notamment ceux des grandes institutions internationales –, on comprend que l'adhésion de la grande majorité de l'intelligentsia au Consensus de Washington, par exemple, ait joué un rôle non négligeable dans le confort intellectuel, la tranquillité des esprits et l'absence d'inquiétude des décideurs avant la crise.

Pourquoi les remises en question de paradigmes trop superficiellement fondés ont été si discrètes

On peut avancer, en particulier, trois facteurs.

- Les consensus avaient, en général, une vague filiation avec Keynes.

Bien que trop simplifiés, les enseignements du grand économiste étaient intouchables pour beaucoup. S'opposer à certaines interprétations du maître était considéré comme attentatoire à sa mémoire. La religion avait fini par s'introduire dans le débat.

Mais ce que l'on n'a pas suffisamment vu, c'est que la politique de la relance par la demande préconisée, à juste titre, par Keynes allait connaître une limite : celle de l'endettement. Au lieu de retenir de Keynes l'essentiel, on a fini par lui faire dire que l'on pouvait créer, sans risque, des situations d'endettement indéfini, ce qui n'a jamais été proposé par l'auteur de la Théorie générale.

• Le deuxième facteur résulte de la tendance à la spécialisation croissante des économistes d'aujourd'hui.

Très nombreux sont ceux qui centrent leurs recherches sur des domaines très pointus impliquant des modèles mathématiques sophistiqués.

Mais il résulte de cette préférence que les réflexions macroéconomiques sont sans doute moins poussées.

Le paradoxe est que l'avancée des données et la puissance des calculs par ordinateur semblent inviter à la microéconomie, alors que l'opinion désorientée et les médias appellent de plus en plus les économistes à fournir des réponses aux problèmes de la société.

• Enfin, le dernier élément d'explication tient, me semble-t-il, à l'importance, désormais omniprésente, des marchés financiers.

La finance s'est mondialisée et tient une place majeure dans le fonctionnement de nos sociétés.

Elle s'impose de plus en plus dans le monde politique. Avec la fin de Bretton Woods et de la discipline des changes, les États ont, en fait, abandonné aux marchés la responsabilité essentielle de fixer la valeur externe de leurs monnaies. Il s'est ensuivi une dérive générale vers les facilités de l'endettement et, par conséquent, une dépendance croissante à l'égard des marchés financiers. Le résultat a été un certain dépérissement de l'influence des autorités publiques sur les décisions de politique économique.

À cet égard, l'endettement considérable des sociétés occidentales reflète l'affaiblissement d'un certain nombre de grandes démocraties face à leurs créanciers. Les États, à force de les avoir excessivement sollicités, sont devenus plus dépendants des marchés financiers.

Il est naturel et légitime, face à ce transfert de pouvoirs auquel on assiste depuis quarante ans, que la recherche économique se soit tournée davantage vers l'étude des marchés et de leurs innovations. Il s'est ensuivi que la finance mondiale a fini par dominer les centres d'intérêt de la pensée économique. Ce faisant, cette osmose croissante entre marchés et recherche a peut-être eu involontairement pour effet de renforcer la doxa selon laquelle les marchés libres sont toujours créateurs de richesse.

L'attitude d'Alan Greenspan, qui ne mettait pas en doute l'efficience des marchés ni la rationalité de leurs acteurs, est révélatrice de ce point de vue. Le président de la Réserve fédérale a joué, comme on sait, un rôle déterminant dans la conduite de la politique monétaire mondiale mais aussi dans l'environnement intellectuel qui y a présidé. Ce qui pose problème à mon sens, c'est que les fragilités des marchés, les bulles d'actifs ainsi que la dynamique de crise créées par les excès d'endettement n'aient pas fait l'objet d'études et de mises en garde suffisantes de la part des macroéconomistes et des banquiers centraux.

*

Les évolutions que je parcours cursivement dans ce livre ont comme caractéristique commune de ne pas être soutenables indéfiniment. Une normalisation de la politique budgétaire – quand l'endettement est excessif – et de la politique monétaire apparaît de ce point de vue comme inéluctable. En effet, une politique de très bas taux d'intérêt et de création massive de liquidités ne saurait se poursuivre longtemps sans entraîner des conséquences redoutables sur la stabilité financière qui est, elle-même, une condition d'une croissance durable.

Cette normalisation commence à apparaître plus ou moins timidement tant dans le domaine budgétaire (paradoxalement l'Italie avec son important excèdent primaire est un des pays qui est en train de réduire son endettement de manière remarquable) que dans le domaine monétaire. Les États-Unis ont donné le signal de cette normalisation monétaire qui est indispensable si l'on veut créer des marges d'action à la baisse des taux lorsque le moment viendra, inéluctablement, d'un fléchissement de l'activité économique. La leçon est simple : les conséquences de trente ans de création massive de liquidités et de taux d'intérêt à la baisse n'ont pas fait l'objet d'une analyse intellectuelle suffisamment rigoureuse.

*

Je tiens à dire, cependant, que l'attitude « majoritaire » que je souligne dans cet essai est loin d'avoir été générale. Je dois beaucoup, en particulier, à des économistes qui ont montré clairvoyance, liberté de jugement et capacité à raisonner « juste », comme Jacques Polak, Ron McKinnon, Edmund Phelps, Ken Rogoff, Vito Tanzi, Claudio Borio, Robert Pringle, Daniel et Élie Cohen, Philippe Aghion, Michel Aglietta ou Patrick Artus, parmi d'autres.

*

Il reste, et c'est encore plus vrai dans le domaine d'une science sociale comme il en est de l'économie – par opposition aux sciences « dures » –, que l'« effet mode » constitue un vrai danger. Moins les phénomènes étudiés, complexes et, par nature, humains, sont objectivement observables, répétables et sujets à expérimentation, plus il est nécessaire de se montrer prudent dans l'énoncé des conclusions et de constamment remettre en question le bien-fondé – toujours changeant – des présupposés à la base des soi-disant « consensus ».

Jamais la position de la majorité d'une communauté scientifique, surtout quand il s'agit d'une discipline sociale toujours guettée par le danger de la vulgarisation simplificatrice et de la manipulation médiatique, ne saurait être érigée en « vérité ». Et pourtant, c'est cette soumission de la pensée dominante à des préjugés discutables et superficiellement fondés, qui a été un élément décisif derrière la crise et le désordre actuels.

Tel est le sens de ce petit livre qui s'efforce de revisiter, avec sérieux, certains paradigmes confortables mais souvent insuffisamment fondés, et qui ont joué un rôle important dans la genèse de la crise.

*

Les défis sont pressants :

- la transition énergétique est indispensable si l'on veut éviter le désastre climatique planétaire ;
- la nécessité d'ajuster, si l'on veut les sauver, nos systèmes de retraite pour tenir compte du vieillissement de la population est inéluctable ;

– l'adaptation de nos sociétés aux conséquences de la nouvelle donne technologique qui risque de bouleverser en profondeur nos structures sociales et notre rapport au travail, doit se préparer systématiquement avec une perspective à long terme ;
– la prise en compte et la correction, encore beaucoup trop tardives et timides, des effets sociaux de la mondialisation, notamment en matière d'inégalités de revenus, s'impose si l'on veut maintenir un minimum de cohésion sociale ;
– la consolidation de l'Europe est urgente : l'Union est à un moment critique et décisif, il faudra leadership et clairvoyance pour la sortir de l'ornière.

Ce qui paraît clair, c'est que les dix paradigmes, certains vaguement keynésiens, décrits dans ce livre, paradigmes axés sur les facilités de l'endettement, de la création de liquidités et qui aboutissent tous à la financiarisation extrême que nous connaissons aujourd'hui, ne seront d'aucun secours pour résoudre ces problèmes. Ils ne fournissent, en effet, ni les moyens ni les fondements des réformes qu'appellent les défis du XXIe siècle. Ces facilités ne sauraient se substituer aux mesures structurelles indispensables qui sont évoquées dans cet essai.

Ce qui est urgent, c'est de préparer notre jeunesse d'aujourd'hui et de demain au monde tel qu'il est en train d'apparaître.

Or ces « préjugés » ont masqué les vrais problèmes et ont aidé à faire croire que les élites avaient trouvé la pierre philosophale.

Cependant, après des décennies de désillusions et d'échecs, le public finit par comprendre que les facilités financières (ces « faux droits » dont parlait Jacques Rueff) ne font que retarder les échéances et « gagner du temps » tout au plus. On en arrive à un point où ces pratiques déconsidèrent ceux qui y ont recours et n'osent pas parler le langage de la vérité.

Là est une des sources du « populisme » rampant d'aujourd'hui. Puisque les facilités préconisées par les responsables politiques ne fonctionnent pas et que les idées reçues sont dévalorisées, la tentation est grande de laisser le champ libre aux nationalismes et à la fermeture des frontières, méthodes qui ont pourtant gravement échoué dans le passé.

*

Cet essai n'est pas pessimiste.

En effet, il tente de concentrer l'effort à la fois intellectuel et de réforme sur les vrais sujets de fond – ceux sur lesquels il faut agir – et de ne pas se laisser obscurcir ou distraire par des préjugés qui nous ont souvent conduits au désastre.

Jacques de Larosière

Bibliographie

Abbas S. *et al.*, « A historical public debt database », *IMF Working Paper*, 2010, WP/10/245.

Aglietta M., Valla N., *Macroéconomie financière*, La Découverte, sixième édition, 2017.

Avdjiev S. *et al.*, « Rapid credit growth and international credit. Challenges for Asia », *BIS*, Working Paper, n° 377, avril 2012.

Banque des règlements internationaux (BRI-BIS), *Rapports annuels*.

Bénassy-Quéré A., Pisani-Ferry J., *Quel Système monétaire international pour une économie mondiale en mutation rapide ?*, CEPII, 2011.

Bini Smaghi L., « Le dilemme de Triffin toujours d'actualité », Banque centrale européenne (BCE), 3 octobre 2011.

Borio C. *et al.*, « Global credit and domestic credit booms », *BIS Quarterly Review*, septembre 2011.

Bourguignat H., « Le fait nouveau de l'endettement net des États-Unis », *Revue française d'économie*, 1986, volume 1, n° 1, p. 85-109.

Cohen D., Ewenczyk P., « L'instabilité du système monétaire international », *Économie et Statistique*, 1980, n° 126, p. 33-46.

Davidson P., « Conclusion », Keynes Conference : King's College Londres, 8 octobre 2016 (texte disponible sur http://www.kings.cam.ac.uk/sites/default/files/members_and_friends/paul_davidson_conclusion_summary_08102016.pdf).

Eickmeier S. *et al.*, « Understanding global liquidity », *BIS*, Working Paper n° 402, février 2013.

International Relations Task Force, « The accumulation of foreign reserves », Banque centrale européenne (BCE), *Occasional Paper Series*, n° 43, février 2006.

Keynes J. M., *Théorie générale de l'emploi, de l'intérêt et de la monnaie* (1936), Payot, 1988.

« La mondialisation financière affecte le processus d'ajustement extérieur des économies », *Trésor-Éco* n° 103, juin 2012.

Lelart M., « Comment le dollar devient-il une monnaie internationale ? », *Revue d'Économie financière*, 2012, n° 107, p. 265-288.

Martin P., « La globalisation financière », vidéo de l'Université de tous les savoirs, 29 avril 2000 (texte disponible sur https://spire.sciencespo.fr/hdl:/2441/9342/resources/utls2000.pdf).

Mian A. R., Sufi A., *House of Debt : How They (and You) Caused the Great Recession, and How We Can Prevent It*, The University of Chicago Press, 2014.

Mian A. R., Sufi A., Verner E., *Household Debt and Business Cycles Worldwide*, National Bureau of Economic Research (NBER), Working Paper n° 21581, décembre 2015.

Pellet R., *États et marchés financiers*, LEDJ, « Systèmes », 2017.

Pringle R., *The Money Trap : Escaping the Grip of Global Finance*, Pelgrave-Macmillan, 2014.

Reinhart C., Rogoff K., *This Time is Different : Eight Centuries of Financial Folly*, Princeton University Press, 2009.

Rueff J., *Le Lancinant Problème de la balance des paiements*, Payot, 1965.

Tanzi V., *Termites of the State. Why Complexity Leads to Inequality*, Cambridge University Press, 2017.

Tily G., « As if Keynes had never lived : The second UK (and world) crisis of financial globalization », Keynes Conference : King's College Londres, 8 octobre 2016 (texte disponible sur http://www.kings.cam.ac.uk/sites/default/files/members_and_friends/keynes_conference_geoff_tily_slides.pdf).

Trichet J.-C., Pébereau M., Larosière J. de, Baechler J., *Recréer le système monétaire international*, Hermann, « Collection Académie des sciences morales et politiques », 2015.

Woolridge P. D., « The changing composition of official reserves », *BIS : Quarterly Review*, septembre 2006.

Table

DU MÊME AUTEUR
CHEZ ODILE JACOB

Les lames de fond se rapprochent, 2017.

50 ans de crises financières, 2016 (traduction anglaise : *50 Years of Financial Crises*, 2018).

Cet ouvrage a été composé
en Adobe Garamond Pro
par Nord Compo
à Villeneuve-d'Ascq (Nord).

N° d'édition : 7381-4551-X – N° d'impression : 810155
Dépôt légal : novembre 2018

Achevé d'imprimer en octobre 2018
sur les presses de la Nouvelle Imprimerie Laballery (58)

La Nouvelle Imprimerie Laballery est titulaire de la marque Imprim'Vert ®

Imprimé en France